직업으로서의 정치

KB191538

나남
nanam

나남신서 1984

직업으로서의 정치

2007년 1월 25일 초판 발행
2016년 8월 15일 초판 6쇄
2019년 3월 5일 재판 발행
2020년 9월 5일 재판 2쇄

지은이   막스 베버
옮긴이   전성우
발행자   趙相浩
발행처   (주) 나남
주소   10881 경기도 파주시 회동길 193
전화   (031) 955-4601 (代)
FAX   (031) 955-4555
등록   제 1-71호(1979. 5. 12)
홈페이지 www.nanam.net
전자우편 post@nanam.net

ISBN 978-89-300-8984-5
ISBN 978-89-300-8001-9 (세트)

책값은 뒤표지에 있습니다.

나남신서 1984

직업으로서의 정치

막스 베버 지음 전성우 옮김

나남
nanam

Politik als Beruf

Max Weber

nanam

현대 사회학의 창시자 중 한 사람인 독일 사상가 막스 베
버(1864~1920)는 1917~1919년 사이에 대학생들을 상
대로 두 차례 강연을 하였습니다. 〈직업으로서의 학문〉[1]
(1917년 11월)과 〈직업으로서의 정치〉(1919년 1월)가 그
것입니다.[2] 대학생을 상대로 한 강연문이 사회과학 '고

---

[1] 전성우 역(2006), 《직업으로서의 학문》, 나남출판.
[2] 베버를 강연에 초대한 단체는 독일 뮌헨대학의 진보적 학생
단체인 〈자유학생연합〉으로서, 이들은 그 당시 '직업으로서
의 정신노동'이라는 주제로 연속 강연회를 개최하고 있었습
니다. 베버는 이 강연회에 두 번 연이어 초청을 받았던 것입
니다.

전'의 반열에 오르는 것은 매우 드문 일인데, 바로 이 두 강연이 그러한 경우입니다. '학문'과 '정치'에 관한 현대 사회과학적 논의에서는 이 쌍둥이 강연이 거의 빠짐없이 중요한 준거점으로 거론되고 있다는 사실이 이를 입증합니다.

또 한 가지 관점에서 이 두 강연은 매우 특별한 의미를 가지고 있습니다. 강연문의 초고들을 보완하여 출판한 직후인 1920년 6월 14일 베버는 향년 56세로 급사합니다. 따라서 이 두 강연은 베버가 직접 감수한 거의 마지막 문헌이 되어버렸고, 그래서 그의 '학문적 유언장'과 같은 위상을 가지게 됩니다. 실제로 이 두 강연에는 30여 년에 걸친 그의 사회과학적 탐구의 요체가 농축되어 있다고 볼 수 있습니다.

특히, 여기 번역된 〈직업으로서의 정치〉는 비단 학자들뿐 아니라, 정치가들 및 정치에 관심이 있는 일반인들도 자주 인용할 만큼 광범위한 수용층을 가진 고전입니다.

베버가 이 강연에서 우리에게 던지는 중심 화두는, 현대의 대의 민주주의적 조건하에서 정치를 '직업' 또는 '소명'[3]

---

3) 이 강연의 제목인 "Politik als Beruf"에서 'Beruf'는 독일어로 세속적 '생업' 또는 신으로부터 부여받은 '소명'이라는 두 가

으로 삼으려는 사람들이 갖추어야 할 자질은 무엇이며, 정치적 지도자의 덕목은 무엇인가라는 질문으로 요약될 수 있습니다. 이 화두를 풀어 나가는 과정에서 베버는 자신이 수십 년간 정치현상 전반에 대해 수행했던 학문적 성찰을 응축하여 하나의 거대한 파노라마를 전개하고 있습니다. 이 파노라마에서 베버는 그 특유의 보편사적 시각, 이념형적 개념구성 전략, 현실정치에 대한 날카로운 분석, 정치와 윤리의 관계에 대한 심오한 철학적 성찰 등을 절묘하게 서로 연결시키고 있으며, 여기서 그가 제시한 수많은 개념들과 발상들은 현대 정치학과 사회학에서 확고한 고전적 위상을 확보하게 되었습니다.

베버가 이 강연을 할 당시 독일은 제1차 세계대전에서 패한 직후 절체절명(絕體絕命)의 국가적 위기상황에 처해 있었습니다. 따라서 그를 강연에 초청한 대학생들은 그 당시 독일의 대표적 학자이자 정치평론가였던 그에게서 이 위기를 타개할 수 있는 구체적 방책과 예언자적 선

지 의미를 가지고 있습니다. 본문에서 베버는 '정치에 (경제적으로) 의존해서' 사는 직업 정치가(*von der Politik leben*)와 '정치를 위해 사는' 직업 정치가(*fuer die Politik leben*), 즉 소명의식을 가진 정치가를 구별하고 있습니다.

견지명을 기대하고 있었습니다. 그러나, 목차가 보여 주듯이, 베버는 일견 매정하리만큼 냉정하게 이런 기대를 모른 척하면서 강연의 상당부분을 근대적 정치현상의 사회학적 속성과 그 역사적 전개과정의 서술에 바치고 있습니다.

이 과정에서 그는 가령 "왜 우리는 특정 지배체제를 '정당하다'고 간주하고 그것에 복종하는가"라는 문제를 중심으로 한 그의 유명한 지배정당성 유형론(① 전통적, ② 카리스마적, ③ 합법적·관료적 지배유형)을 논하기도 하며, 어떠한 역사적 조건하에서 근대의 정당정치적 민주주의가 발현하게 되었는지를 영국과 미국의 사례를 중심으로 서술하기도 합니다. 그 외에도 베버는 이른바 '지도자-민주주의론', 관료와 정치가와의 관계 등 베버 정치사회학의 핵심관점들을 상론(詳論)하고 있습니다. 물론 이 모든 학술적·역사적 논의는 근대적 '직업 정치가'의 출현 및 직업 정치가가 갖추어야 할 자질이라는 베버의 중심 화두를 향하여 전개되고 있습니다. 여기서는 이 중심 화두와 관련된 베버의 입장을, 주로 그의 목소리를 직접 빌려 간략히 요약하고자 합니다.

정치란 '악마적 힘들과 관계를 맺는 것이다'

우선, 베버는 정치란 정치적 조직체, 더 구체적으로는 "국가의 운영 또는 이 운영에 영향을 미치는 활동"(본문 27쪽)이라고 정의합니다. 그럼 여기서 '국가'란 무엇인가? 이 문제에 대해서 베버는 국가 일반보다는 근대 국민국가에 논의를 한정하면서 흥미로운 입장을 제시하고 있습니다. 즉, 근대국가는 그 목표나 기능(국리민복, 부국강병 등)보다는 그것이 가지고 있는 특수한 수단을 근거로 정의하는 것이 가장 적절하다는 것입니다. 그리고 이 수단은 다름 아닌 바로 '물리적 강제력'[4]입니다. 베버의 말을 들어봅시다.

다른 어느 시기보다 오늘날에야말로 국가와 강제력과의 관계는 특히 긴밀합니다. 과거에는 친족에서부터 시작하여 매우

---

[4] 이 개념은 우선, 그리고 무엇보다도, 인신구속을 비롯해 우리의 신체에 직접적으로 가해지는 합법적 폭력을 뜻하지만, 넓은 의미에서는 법의 이름으로 행해지는 개인과 집단에 대한 모든 종류의 강제적 통제 — 가령 재산권 제한, 강제수용 등 — 를 포함합니다. 그러나 베버는, 이 개념의 원초적 의미, 즉 인신에 대한 합법적·물리적 폭력이라는 의미를 우선적으로 염두에 두고 있습니다.

다양한 조직체들이 물리적 강제력을 지극히 정상적 수단으로 사용했습니다. 그에 반해 오늘날에는 한 특정한 영토 내에서 — 이 점, 즉 〈영토〉는 현대국가의 특성 중의 하나입니다 — 정당한 물리적 강제력의 독점을 (성공적으로) 관철시킨 유일한 인간 공동체는 곧 국가라고 봐야 할 것입니다. 왜냐하면 현대에 와서, 국가 이외의 다른 모든 조직체나 개인은 오로지 국가가 정하는 범위 내에서만 물리적 강제력을 행사할 수 있을 뿐이기 때문입니다. 즉, 오늘날 국가는 강제력을 사용할 〈권리〉의 유일한 원천입니다(본문 28~29쪽).[5]

따라서 국가운영에 참여하는 정치가의 손에 쥐어진 "가장 중요한 수단은 (폭력적) 강제력"(본문 151쪽)입니다. 물론 이 수단을 통해 도달하고자 하는 목적 내지 대의는 정치가의 신념에 따라 지극히 다양하고 고매할 수 있습니다. 가령 그것은 민족과 인류의 번영, 국가의 안위, 심지어 특정한 종교적 신앙의 관철과 확산일 수도 있습니다. 그러나 "그 목적이 무엇이든 간에 폭력이라는 이 특수한

---

5) 폭력행사권의 독점이 얼마나 철저히 관철되었는지는, 가장 사적인 영역인 가정에서 일어나는 부모의 체벌이나 교사의 교육적 목적에서의 체벌마저 법적 처벌의 대상이 될 수 있다는 사실이 잘 보여 주고 있습니다.

수단과 손을 잡는 자는 ― 그리고 모든 정치가들이 그렇게 합니다 ― 누구든 이 수단이 가져오는 특수한 결과들에 직면하게 됩니다"(본문 161쪽). 따라서 정치를 직업으로 삼겠다는 사람이면 누구나 "모든 폭력성에 잠복해 있는 악마적 힘들과 관계를 맺게 되는 것입니다"(본문 165쪽).

이것이 정치권력을 다른 모든 유형의 권력 ― 경제권력, 사회권력, 문화권력 등 ― 으로부터 구별 짓는 점입니다. 왜냐하면, 다른 모든 권력들도 현실적으로 막강한 영향력을 행사할 수 있지만, 결국 국가라는 '수레바퀴'의 틀을 짜고 이 수레바퀴가 굴러갈 길을 닦고 그것이 굴러가게 하는 데 대한 책임은, 종국적으로는, 합법적 강제력을 수단으로 가진 '정치'에 귀속되기 때문입니다. 따라서 우리는 "어떤 종류의 인물이라야 감히 자기 손으로 역사의 수레바퀴를 움직여도 좋은가라는 문제"(본문 132쪽), 즉 정치가는 어떤 특별한 자질을 갖추어야 하는가라는 문제를 제기하지 않을 수 없습니다. 역사의 수레바퀴가 옳은 방향으로, 아니면 그른 방향으로 움직이는가 하는 것은 한 국가공동체, 그리고 경우에 따라서는 인류공동체 전체의 운명을 결정짓는 중차대한 문제이기 때문입니다.

정치가의 자질: 열정, 책임감, 균형감각

베버는 정치가가 갖추어야 할 가장 중요한 자질로 다음과 같은 세 가지를 들고 있습니다. 열정, 책임감, 그리고 균형감각. 이 자질들은 일견 매우 평범해 보이지만, 베버는 독특한 해석을 통해 이들을 상기한 정치권력의 근본적인 폭력성이라는 관점과 연계시키고 있습니다. 우선 이 세 가지 자질에 대한 베버의 설명을 살펴보겠습니다.

"'열정'은 하나의 대의 및 이 대의를 명령하는 주체인 신, 또는 데몬에 대한 열정적 헌신을 의미하며, 그런 이상 이 열정은 객관적 태도라는 의미를 지니고 있다"(본문 132쪽)고 베버는 말합니다. 다시 말해, 정치가의 열정은 단순히 주관적인 〈비창조적 흥분상태〉가 아니라, 어떤 대의에 대한 뜨거운 확신입니다. 그런데 이 대의의 근거는 개인적·주관적인 것이 아니라 초월적인 것 — 베버는 이것을 비유적으로 '신' 또는 '데몬'이라고 표현하고 있습니다만 — 이기 때문에, 이 대의에 대한 헌신은 '객관적 태도'라고 볼 수 있는 것입니다. 그런데 권력을 추구하는 정치가의 열정은 바로 그가 가진 '합법적 폭력행사권'이라는 수단 때문에, '책임의식'이라는 두 번째 자질로 통제되고 조절되지 않으면 지극히 위험하고 파괴적이 될 수 있습니다.

　권력추구가 〈대의〉에 대한 전적인 헌신을 목표로 하는 것이 아니라, 객관성을 결여한 채 순전히 개인적 자기도취를 목표로 하는 순간, 그때부터 정치가-직업의 신성한 정신에 대한 배반이 시작됩니다. 왜냐하면 정치영역에서는 궁극적으로는 단 두 가지 종류의 치명적 죄악이 있을 뿐이기 때문입니다. 객관성의 결여와 — 항상 그런 것은 아니지만 흔히 이것과 동일한 것으로서 — 무책임성이 그것입니다(본문 135~136쪽).

　그리고 이러한 책임의식을 단련하기 위해 필요한 것이 '균형감각'입니다. 균형감각이란 "내적 집중과 평정 속에서 현실을 관조할 수 있는 능력, 즉 사물과 사람에 대해 거리를 둘 수 있는 능력입니다. 〈거리감의 상실〉은 그것 자체로서 모든 정치가의 가장 큰 죄과 가운데 하나"(본문 133쪽)입니다. 베버는 이 세 가지 자질, 즉 열정, 책임의식 그리고 균형감각이라는 자질을 소유한 자만이 진정한 정치가가 될 수 있고, 진정한 정치적 '개성'을 발휘할 수 있다고 보며, 이러한 정치가를 정치적 아마추어, 특히 단순한 '권력정치가'와 다음과 같이 엄격히 구별하고 있습니다.

비록 권력은 불가피한 수단이고 권력지향은 모든 정치행위의 추동력 가운데 하나이지만, 아니 오히려 바로 그렇기 때문에, 벼락부자처럼 자신의 권력에 대해 허풍을 떨며 권력도취에 빠져 허영에 찬 자화상에 몰두하는 짓거리 등, 순전히 권력 그 자체를 숭배하는 모든 행태는 정치력을 왜곡시키는 가장 해로운 행태입니다. 단순한 〈권력정치가〉는 막강한 듯이 보이지만, 그의 영향력은 사실은 허망하고 무의미합니다(본문 136~137쪽).

그런데 베버는 모든 권력정치론이 가진 이러한 허망함과 무의미성은 인간행위의 의미에 대한 천박한 이해의 산물이며, "모든 행위, 그러나 특히 정치적 행위가 실제로 내포하고 있는 비극성을 전혀 인식하지 못하고 있는 데서"(본문 137쪽) 비롯된다고 봅니다.

베버는 정치적 행위가 가진 이런 비극성의 뿌리를 정치와 윤리 간의 특수한 관계에서 찾고 있습니다.

정치가의 윤리: 신념윤리와 책임윤리

과연 정치와 윤리[6]의 진정한 관계는 어떠한 것일까요? 이 문제와 관련하여 베버는 우선 다음과 같은 인식에서 출발하고 있습니다. 즉, 인간행위의 최종적 결과는 매우 흔히 행위자의 원래 의도와는 빗나가거나 심지어 그 정반대가 될 수도 있다는 인식이 그것입니다. 그런데 이 사실은 특히 정치적 행위에 대해 심대한 함의를 가지게 됩니다. 왜냐하면 "권력과 폭력적 강제력을 수단으로 하는 정치에 뛰어드는 자는 악마적 세력과 계약을 맺는 것"(본문 156쪽)이며, 따라서 행위의 '의도'와 '결과' 간의 괴리는 정치행위에 있어서는 경우에 따라 '악마적' 파급효과를 낳을 수 있기 때문입니다. 이렇게 볼 때, 정치에 관련된 모든 윤리적 문제의 특수성은 정치행위가 가진 수단(정당한 폭력행사권)의 특수성과 깊이 연관되어 있을 수밖에 없습니다.

---

6) 여기서 '윤리'란 가령 청렴성, 정직성 등과 같이 우리가 일상적으로 사용하는 개인적·인격적 윤리와는 다른 차원의 개념입니다. 베버는 이러한 의미의 보편적 윤리는 모든 인간에게 — 따라서 정치가에게 — 당연히 적용되는 것으로 전제하고 있다고 볼 수 있습니다.

이런 인식을 바탕으로 베버는 인간행위의 윤리적 원칙을 크게 두 가지 유형, 즉 〈신념윤리〉와 〈책임윤리〉로 나누고 있습니다. 신념윤리가란, 자신의 신념의 실현이 가져다줄 수 있는 '결과들'은 도외시한 채 이 신념의 실현 그 자체에만 집착하는 사람입니다. 이런 신념윤리가는, 만약 신념 실현의 현실적 '결과'가 자신의 '의도'와 어긋났을 경우 아마도 다음과 같이 말할 것입니다. "세상이 어리석고 비열하지 내가 그런 건 아니다. 결과에 대한 책임은 나한테 있는 것이 아니라 다른 사람들에게 있으며, 나는 이 사람들을 위해 일하고 있으며 나는 이들의 어리석음과 비열함을 뿌리 뽑을 것이다"(본문 169쪽).

그에 반해 책임윤리가는 바로 인간이 어리석고 비열할 수도 있다는 — 베버는 이것을 인간의 '평균적 결함들'이라고 부르고 있습니다 — 점을 고려합니다. 그는 "인간의 선의와 완전성을 전제할 어떠한 권리도 자신에게는 없다"(본문 150쪽)는 입장입니다. 달리 말해, 책임윤리가는 자신의 행동의 "(예견 가능한) 결과에 대해 책임을 져야 한다는 원칙에 따라서 행동하는"(본문 149쪽) 사람입니다.

물론 이것이 책임윤리는 무신념, 신념윤리는 무책임과 동일하다는 뜻은 결코 아닙니다. 정치가의 자질에 대한 논의에서 보았듯이, 대의에 대한 확신과 헌신을 바탕으로 한 신념윤리는 책임윤리와 서로 대립관계가 아니라 '보완관계'에 있다는 것은 자명한 사실입니다. 그럼에도 불구하고 정치가의 경우 우리는 이 두 가지 윤리적 원칙 간에 엄연히 존재하는 차이점에 특별히 주목하지 않을 수 없습니다. 왜냐하면 "정치란 하나의 매우 특수한 수단, 다시 말해서, 그 뒤에 폭력성을 내포하고 있는 권력이라는 수단을 가지고"(본문 144쪽) 하는 행위이며, 이 사실은 정치에 대한 윤리적 요구에서 반드시 고려되어야 하는 정치 특유의 속성이기 때문입니다.

가령 우리는 '악에 대해 폭력으로 대항하지 말라'라는 절대적 신념에 기초한 사랑의 윤리 또는 평화의 윤리를 정치에도 적용할 수 있을까요? 아니면 정치가에게는 거꾸로 오히려 "너는 악에 대해 폭력으로 저항해야만 한다. 만약 그렇게 하지 않으면, 네가 악의 만연에 책임이 있다"(본문 146~147쪽) 라고 말해야 하지 않을까요? 만약 정치가가 순수하게 신념윤리적으로만 행동한다면, 그는 "모든 정치적 행위에 개입되어 있는 상기한 악마적 힘들을 의식하지 못합니다. 이 힘들은 무자비하며, 만약 그가 그들을 인식하지 못한다면"(본문 168쪽), 이 힘들은 비단 그 자신뿐 아니라 그가 정치를 통해 봉사하고자 했던 공동체 전체의 운명에 치명적 해를 끼칠 수 있을 것입니다.

　이런 이유에서 베버는, 정치가란 분명히 신념을 가져야 하고 신념윤리적 태도를 가져야 하지만, 그러나 바로 상기한 이유 때문에 신념윤리가에 머물러서는 안 되며 반드시 책임윤리적 자질을 갖추어야 한다고 봅니다. 이 두 가지 윤리적 원칙을 함께 준수할 수 있는 사람만이 〈정치에 대한 소명〉을 가졌다고 할 수 있을 것입니다.

'그럼에도 불구하고'의 철학

정치가의 자질과 윤리에 대한 베버의 이런 성찰들은 '정치'에 대한 그의 유명한 비유로 마무리되고 있습니다. 즉, 정치란 "열정과 균형감각 둘 다를 가지고 단단한 널빤지를 강하게 그리고 서서히 뚫는 작업"(본문 173쪽) 입니다.

　여기서 '널빤지'란, 옮긴이가 이해하기에는 온갖 종류의 복잡다기(複雜多岐)한 이해관계와 가치관이 뒤엉킨 현실로서, 이 현실은 한편으로는 엄혹(嚴酷)한 권력투쟁의 장이면서 다른 한편으로는 궁극적 가치 내지 신념투쟁의 장이기도 합니다. 우선 이 널빤지에 구멍을 뚫겠다는 '열정'이 있어야 정치를 할 자격이 있습니다. 그러나 만약 그가 이 널빤지를 단칼에, 즉 자신의 신념만이 옳다는 독선으로 단칼에 뚫어 버리겠다고 한다면 (신념윤리가), 그는 이 널빤지 자체를 깨어 버릴 위험을 안고 있는 사람입니다. 그런 사람에게 우리는 정치를 맡겨서는 안 될 것입니다.

감히 정치를 하겠다는 자는 '강하게' (즉, 열정을 가지고), 그러나 서서히, 즉 균형감각과 책임의식을 가지고 이 작업을 수행해야 합니다. 이 과정에서 정치가는 불가피하게 온갖 종류의 어려움에 봉착하게 될 것입니다. 자신의 신념을 유보해야 할 상황, '모든 희망이 좌절'되는 듯이 보이는 상황도 있을 것입니다. "자신이 제공하려는 것에 비해 세상이 너무나 어리석고 비열하게 보일 수도" 있을 것입니다. 그러나 "이에 좌절하지 않을 자신이 있는 사람, 그리고 그 어떤 상황에 대해서도 〈그럼에도 불구하고!〉라고 말할 능력이 있는 사람, 이런 사람만이 정치에 대한 〈소명〉을 가지고 있습니다"(본문 173쪽).

정치가란 (합법적) 폭력이라는 '악마적' 수단을 손아귀에 쥐고 있으면서, 끊임없이 '천사적' 대의의 실현을 목표로 삼을 수밖에 없는 사람입니다. '수단'과 '목적' 간의 이

러한 극단적 괴리를 온전히 극복한다는 것은 현실세계에
서는 불가능합니다. 그리고 신념윤리와 책임윤리를 겸비
한 정치가이면 이 불가능성을 냉철히 인식해야 합니다.
그러나 역설적이게도, 정치가, 특히 정치적 지도자야말
로, 그가 가진 수단의 막중함과 유일무이성 때문에 바로
이 불가능에 도전할 책무를 지니고 있으며, 역사 속의 많
은 정치적 '영웅들'은 실제로 그렇게 했고 이를 통해 역사
의 새로운 물꼬를 트곤 했습니다. "만약 지금까지 〈불가
능〉에 도전하는 사람들이 계속 나타나지 않았더라면, 인
류는 아마 가능한 것마저도 성취하지 못했을 것입니다"
(본문 173쪽). 그러나 이것은, 적어도 원칙적으로는, 비
단 정치가에게만 해당되는 것이 아니라, 인간 일반에 해
당되는 말일 것입니다.

'직업으로서의 정치'는 옮긴이가 2002년에 펴낸 막스
베버 사상 선집 제 1 권 《탈주술화 과정과 근대: 학문, 종
교, 정치》에 수록되어 있던 텍스트입니다. 이 선집의 개
정판을 낼 계획을 하고 있던 참에, 나남출판에서 흥미로
운 제의를 했습니다. 즉, 이 선집에 포함된 6편의 베버 논
문을 각각 따로 문고판 형태로 출판하는 것이 어떻겠느냐

는 제의였습니다.

옮긴이가 이 제의를 흔쾌히 받아들인 이유는, 베버 문헌에 대한 일반독자들의 접근성을 높일 수 있는 좋은 방도라고 여겼기 때문입니다. 사실 400여 페이지에 달하는 기간(既刊) '선집 제 1 권'은 단순히 물리적 부피뿐 아니라, 그 내용의 무게 때문에도 일반독자들이 선뜻 다가가기 쉽지 않을 것입니다. 베버가 아직 읽힐 가치가 있다고 믿는 옮긴이로서는 학문, 종교, 정치에 관한 베버의 핵심 텍스트들을 독자가 각자의 관심에 따라 취사선택해서 단행본으로 접할 수 있는 길을 열어 주는 것은 의미 있는 일이라고 보았습니다. 이번 문고판을 준비하면서 상기 선집 제 1 권에 수록된 기존의 번역 텍스트를 새로 번역한다는 마음으로 전면 재검토하고 다시 다듬었습니다.

끝으로, 매번 큰 신세를 지고 있는 방순영 부장을 비롯한 나남출판 편집진, 그리고 조상호 사장에게 깊이 감사드립니다.

2006년 12월
전 성 우

직업으로서의 정치

차 례

01

정치 및 국가의 개념 정의[1]

여러분의 요청에 따라 행하는 이 강연은 여러 가지 점에서
여러분들을 실망시킬 수밖에 없을 것입니다. 우선, 아마
도 여러분은 직업으로서의 정치에 관한 강연이라면 현재

---

[*] 〔원주〕'직업으로서의 정신노동'에 대한 연속강연 프로그램의
   두 번째 강연. 1918~1919년 혁명이 있던 해의 겨울 뮌헨의
   '자유학생연합'을 대상으로 행한 강연. 베버가 강연 후 속기
   록을 바탕으로 재집필했으며, 1919년 10월에 출판하였다(이
   하 모두 옮긴이주).
[1] 이하 소제목들은 옮긴이가 작성한 것이다.

의 현안들에 대한 어떤 입장표명이 있지 않을까 하고 은연 중에 기대할 것입니다. 그러나 이러한 입장표명은, 우리 생활 전반에서 정치적 행위가 가지는 의미에 관한 몇 가지 문제들을 논할 마지막 부분에 가서야, 그것도 순전히 형 식적 방식으로만 제시될 것입니다. 또한 나는 오늘의 강 연에서 우리가 **어떤** 정치를 **하는 것이 옳은가**, 다시 말해 우리의 정치적 행위에 어떤 **내용**을 담는 것이 **옳은가** 하는 점에 관련된 문제들은 전혀 다루지 않을 것입니다. 왜냐 하면 그러한 문제들은 '직업으로서의 정치'란 무엇이며 또 무엇을 뜻할 수 있는가라는 일반적 문제와는 아무런 관련 도 없기 때문입니다. 그러면 이제 본론으로 들어갑시다.

여러분은 정치란 무엇이라고 생각하십니까? 정치라는 개념은 지극히 광범위하여, 독자적으로 수행되는 모든 종 류의 **지도적** 활동을 다 포괄합니다. 가령 우리는 은행의 외환관리정치,[2] 중앙은행의 어음할인정치, 노동조합의

---

2) 'Devisen-Politik'의 역어로서, 여기서 'Politik'은 정책이라는 역어가 적절하지만, 베버는 위 문맥에서 독일어의 'Politik'이 '정치'와 '정책'이라는 두 가지 뜻으로 쓰이고 있음을 교묘히 활용하고 있다. 그래서 의도적으로 '정책' 대신 '정치'로 번역

파업정치라는 표현을 씁니다. 또한 우리는 도시나 농촌 지방자치단체의 학교정치, 협회 이사진의 협회운영정치, 그리고 심지어는 남편을 조종하려고 하는 영리한 아내의 정치라는 표현까지도 사용합니다. 물론 오늘 저녁 나의 강연은 그러한 광범위한 정치 개념에 기초하고 있는 것은 아닙니다. 나는 여기서 정치를 단지 다음과 같은 의미로만, 즉 **정치적** 조직체 ― 오늘날 이것은 곧 **국가**입니다만 ― 의 운영 또는 이 운영에 영향을 미치는 활동이라는 의미로만 사용하고자 합니다.

그러나 사회학적 관점에서 볼 때 '정치적' 결사체란, 즉 우리의 경우 '국가'란 무엇입니까? 사회학적으로 보자면, 다른 정치적 결사체와 마찬가지로 국가 역시 그것이 수행하는 업무의 내용이 무엇인가를 기준으로 정의될 수는 없습니다. 왜냐하면 정치적 조직체가 때때로나마 다루지 않는 업무란 거의 없으며, 또 우리가 오늘날 국가라고 부르는 정치적 조직체 ― 또는 역사적으로 근대국가에 선행했던 조직체 ― 만이 항상, 더구나 **독점적으로** 수행해야 할

했다. 이것은 연이어 열거되는 예들 ― 할인정치, 파업정치, 학교정치 등 ― 에도 해당된다.

고유업무라고 말할 수 있는 것은 없기 때문입니다. 따라서 근대국가를 우리는 사회학적으로 결국 그것의 업무내용이 아니라 오히려 그것이 고유하게 지니고 있는 특수한 수단을 준거로 정의할 수밖에 없는데, 이 수단이란 곧 물리적 강제력[3] 입니다. 물론 이것은 근대국가 이외의 다른 모든 정치적 지배체제도 가지고 있는 수단이기는 합니다만.

"모든 국가는 폭력에 그 기초를 두고 있다"라고 트로츠키는 한때 브레스트-리토프스크시에서 말했던 적이 있습니다. 이것은 정말 옳은 말입니다. 만일 강제력이라는 수단을 가지지 않은 사회적 조직체들만이 존재한다면, '국가'라고 하는 개념은 사라질 것이고, 또한 특정한 의미에서 〈무정부상태〉라고 지칭할 수 있을 만한 현상이 나타날 것입니다. 물론 나는 지금 여기서 강제력이 국가가 가진 통상적 수단이라거나 유일한 수단이라고 말하고 있는 것은 결코 아닙니다. 그러나 강제력이 국가 특유의 수단인 것은 분명합니다. 그리고 다른 어느 시기보다 오늘날에야말로 국가와 강제력과의 관계는 특히 긴밀합니다. 과거에

---

3) 'physische Gewaltsamkeit'의 역어이다. 더 직설적으로는 '물리적 폭력성'이라고 번역할 수도 있으며, 또 아래에서는 문맥에 따라서 이렇게도 번역했다.

는 친족에서부터 시작하여 매우 다양한 조직체들이 물리적 강제력을 지극히 정상적 수단으로 사용했습니다. 그에 반해 오늘날에는 한 특정한 영토 내에서 — 이 점, 즉 〈영토〉는 현대국가의 특성 중의 하나입니다 — **정당한 물리적 강제력의 독점**을 (성공적으로) 관철시킨 유일한 인간 공동체는 곧 국가라고 봐야 할 것입니다. 왜냐하면 현대에 와서, 국가 이외의 다른 모든 조직체나 개인은 오로지 국가가 정하는 범위 내에서만 물리적 강제력을 행사할 수 있을 뿐이기 때문입니다. 즉, 오늘날 국가는 강제력을 사용할 〈권리〉의 유일한 원천입니다.

요약컨대, 〈정치〉란 국가들 사이에서든, 한 국가 내 집단들 사이에서든, 권력에 참여하려는 노력 또는 권력배분에 대해 영향력을 행사하고자 하는 노력을 뜻한다고 말할 수 있습니다.

이 정의는 대체로 정치 개념의 일상적 용법과도 일치합니다. 가령 우리는 어떤 특정한 문제를 〈정치적〉 문제라고 말하며, 혹은 특정 각료나 관리를 〈정치적〉 관료라고 부르기도 하며, 혹은 어떤 특정한 결정은 〈정치적〉으로 이루어졌다고 말하기도 합니다. 이럴 때 〈정치적〉이라는 말이 뜻하는 바는, 권력의 배분과 유지 및 권력의 이동에 관련된 이해관계가 상기한 문제의 해결에서 가장 중요한 요소이며, 또한 이 이해관계가 상기한 결정에 영향을 미치며 그리고 상기 관료의 활동영역을 규정한다는 것입니다. 정치활동을 하는 사람은 권력을 추구합니다. 그가 추구하는 권력은 이념적 목적 혹은 이기적 목적을 성취하기 위한 수단일 수도 있고 아니면 〈권력 그 자체를 위한 권력〉일 수도 있는데, 후자의 경우 그는 권력이 제공해 주는 위광(威光)을 즐기고자 하는 것입니다.

역사적으로 국가에 앞서 존재했던 정치조직체들이 모두 그러했듯이, 국가는 정당한 (다시 말하여, 정당하다고 간주되는) 강제력이라는 수단에 기반하여 성립되는 인간의 인간에 대한 지배관계입니다. 따라서 국가가 존속하려면 피지배자가 그때그때의 지배집단이 주장하는 권위에 **복종**하지 않으면 안 됩니다. 그런데 피지배자들은 어느 경우에 그리고 무엇 때문에 복종을 할까요? 이러한 지배는 어떠한 내적 정당화근거와 외적 수단에 기반하고 있는 것일까요?

지배 정당성의 근거: 세 가지 유형

내적 정당화의 근거, 다시 말하여 지배의 정당성 근거로는 — 우선 이 문제부터 시작하겠습니다만 — 원칙적으로 세 가지가 있습니다.

첫째로 〈영원한 과거〉가 가진 권위로서 이것은 아득한 옛날부터 통용되어 왔고 또한 습관적으로 준수되어서 신성화된 관습의 권위입니다. 옛 유형의 가부장과 가산제 군주가 행사하는 〈전통적〉 지배가 이 유형에 속합니다.

다음으로 비범한 개인의 **천부적 자질**(카리스마)에 의거한 권위를 들 수 있습니다. 여기서는 한 개인이 전하는 신의 계시, 그가 가진 영웅적 자질 혹은 다른 지도자적 자질에 대해서 피지배자가 순전히 개인적으로 헌신하고 또 신뢰하는 것이 지배 정당성의 근거가 됩니다. 이것은 〈카리스마적〉 지배로서 예언자, 또는 — 정치 분야에서는 — 선출된 전쟁군주, 국민투표에 의거한 통치자, 탁월한 선동정치가(데마고그)[4] 그리고 정당 지도자들이 행사하는

---

4) '데마고그'의 어원은 그리스어의 '데마고고스'(demagogos)인데, 고대 그리스나 로마 시대에는 대중의 지지를 기반으로 하는 정치가 또는 웅변가를 일컫는 말이었다. 따라서 당시에는

지배가 여기에 속합니다.

마지막으로 〈합법성〉에 의거한 지배가 있습니다. 이것은 합법적 규약의 타당성에 대한 믿음 그리고 합리적으로 제정된 규칙이 정하는 객관적 〈권한〉의 타당성에 대한 믿음에 의거한 지배입니다. 따라서 여기서 복종은 법규가 규정한 의무의 수행을 의미하며 이런 뜻의 복종 관념에 의거하여 지배가 행사됩니다. 이것은 근대적 〈공무원〉을 비롯하여 공무원과 유사한 모든 권력자가 행사하는 지배 형태입니다.

물론 현실에서는 공포와 희망 ─ 주술적 세력이나 권력자의 복수에 대한 공포, 내세 또는 현세에서의 보상에 대한 희망 ─ 이라는 지극히 강력한 동기와 그 외에 매우 다양한 종류의 이해관계가 복종을 유도합니다. 이에 대해서는 곧 논의하게 될 것입니다. 그러나 이러한 복종의 〈정

현재와 같은, 단순한 '선동정치가' 또는 '민중선동가'라는 부정적 의미를 지니고 있지는 않았다. 베버는 데마고그를 맥락에 따라 이런 고전적 의미 또는 현대적 의미로 사용하고 있다. 옮긴이는 이를 고려해 각각의 맥락에 적절한 역어를 선택하였으며, 많은 경우 원어(데마고그)를 그대로 사용하기도 하였다.

당성〉의 근거를 추적하면, 우리는 바로 위와 같은 세 가지의 — 〈전통적〉, 〈카리스마적〉, 〈합법적〉 — 〈순수〉 유형에 도달하게 됩니다. 이러한 정당성 관념들과 이들의 내적 근거는 지배구조에 있어서 매우 중요한 의미를 가집니다. 물론 이러한 순수 유형들은 현실에서는 거의 존재하지 않습니다. 그러나 오늘 이 자리에서 위의 순수 유형들이 현실에서 취하는 지극히 복잡한 변형들, 이행 형태들 그리고 결합 형태들을 다룰 수는 없습니다. 이것은 〈일반 국가론〉에 속하는 문제입니다. 여기서 우리가 주목하고자 하는 것은 무엇보다도 두 번째 유형, 즉 복종자들이 〈지도자〉의 순전히 개인적 〈카리스마〉에 헌신함으로써 성립되는 지배유형입니다. 왜냐하면 바로 여기에 정치에 대한 가장 고차원의 천직 관념이 그 뿌리를 두고 있기 때문입니다.

사람들이 예언자나 전쟁 지도자, 혹은 교회나 의회에서의 뛰어난 민중선동가 등의 카리스마에 헌신하는 것은, 그 인물 개인을 내적으로 〈소명을 받은〉 인간 지도자로 인정하기 때문이며, 따라서 사람들이 그에게 복종하는 것은 전통이나 법규 때문이 아니라 그에 대한 믿음 때문입니다. 만약 이 지도자가 편협하고 허영심에 찬 일시적 벼락

출세자 이상의 인물이라면, 그 자신도 대의(大義)를 위해서 살고 〈자신의 과업을 추구〉할 것입니다. 그리고 그의 신봉자들, 즉 그의 사도들, 그의 추종자, 그의 전적으로 사적인 동조자들은 '그'라는 인간 자체 및 그의 자질 때문에 헌신합니다.

역사적으로 가장 중요했던 두 가지 카리스마적 지도자 유형은 첫째, 주술사회 예언자, 둘째, 선출된 전쟁군주나 도당의 수령 혹은 용병대장 같은 인물인데, 이 두 유형은 과거 어느 시대 어느 곳에서나 등장했습니다. 그러나 서양만이 가진 특이한 유형 — 그리고 이것이 우리의 주된 관심사입니다만 — 은 아래와 같은 형태의 **정치적 지도자**입니다. 우선 도시국가를 배경으로 발전하였던 자유 시민층의 〈데마고그〉를 들 수 있는데, 도시국가 자체가 그러했듯이 데마고그도 서양 특유의, 특히 지중해 문명권 특유의 현상이었습니다. 그 다음 의회 내의 〈정당 지도자〉를 들 수 있는데, 이런 정치적 지도자는 입헌 국가를 토대로 발전했으며, 이것 역시 서양 특유의 현상입니다.

그러나 물론, 가장 본래적 의미에서의 〈소명〉에 의거한 이러한 카리스마적 정치가들만이 정치적 권력투쟁의 장에서 유일하게 중요한 인물들인 것은 결코 아닙니다.

오히려 이들이 활용할 수 있는 보조수단들이 어떤 성격의 것인가 하는 점이 지극히 중요합니다. 그러면 정치적 지배층은 자신의 지배권을 유지하기 위해 우선 무엇부터 시작할까요? 이 질문은 모든 종류의 지배에 대해서, 따라서 전통적 지배, 합법적 지배 또는 카리스마적 지배 등 모든 형태의 정치적 지배에 대해서도 제기될 수 있습니다.

지배조직의 외적 기본요건

지속적 행정체제를 구축하려는 모든 지배조직은 두 가지 요건을 필요로 합니다. 첫째, 정당한 권력의 담지자임을 주장하는 지배자에게 복종하도록 인간의 행위를 조율하는 것. 둘째, 이러한 복종을 이용하여, 상황에 따라 불가피한 물리적 폭력행사에 필요한 물질적 재화를 확보하는 것. 다시 말하여, 지속적 지배조직은 첫째 복종하도록 조율된 행정 간부진이라는 인적 요건과 둘째 행정수단이라는 물적 요건을 필요로 합니다.

　다른 모든 조직의 경우에도 그러하지만 정치적 지배조직의 경우에도 행정 간부진이 곧 이 조직의 외양입니다.

그런데 행정 간부진이 권력자에 대한 복종의 사슬에 얽매이게 되는 것은 비단 앞서 언급한 정당성 관념 때문만은 아니라는 점은 자명합니다. 이들을 복종하게 하는 데는 그 외에도 두 가지 수단이 있는데, 이 두 가지는 모두 이들의 개인적 이해관계에 호소하는 수단입니다. 즉, 물질적 보상과 사회적 명예가 바로 그것입니다. 가신의 봉토, 가산제 관리의 봉록, 근대 공무원의 봉급, 기사의 명예, 신분적 특권, 공무원의 명예심 등, 이런 것들이 그들이 받는 보상입니다. 그리고 이런 보상들을 상실하지나 않을까 하는 두려움이야말로 행정 간부진과 권력자 간의 연대감의 궁극적이고 결정적인 토대입니다. 그리고 이것은 카리스마적 지배에도 해당됩니다. 전쟁에 참여한 부하들에게는 전리품과 명예가 주어지며, 데마고그의 추종자들에게는 엽관(獵官)[5] ― 즉, 관직의 독점을 통한 피지배자의 착취 ― 이나 정치적 배경을 가진 이권 그리고 허영심 충족이라는 추가보상이 주어집니다.

강제력에 의거하는 모든 지배는 그 유지를 위해, 기업체의 경우와 마찬가지로, 일정한 물질적·외적 재화가 필

---

[5] spoils. 일반적으로 공무원의 임면(任免)을 당파적 충성 내지 당성에 의거하여 결정하는 정치적 관행을 의미한다.

요합니다. 그런데 통치자에게 복종하는 행정 간부진 —
이들이 관료이든 누구든 간에 — 이 가령 화폐, 건물, 군
수물자, 차량, 말 등과 같은 행정수단에 대해 갖는 권리
를 규정하는 원칙은 크게 볼 때 두 가지로 나눌 수 있습니
다. 첫째, 행정 간부진이 행정수단을 **독자적으로** 소유한
다는 원칙. 둘째, 행정 간부진을 행정수단으로부터 〈분
리한다〉는 원칙이 그것입니다. 이 분리 원칙이 야기하는
상황은, 오늘날 자본주의적 기업 내에서 사무직 봉급자와
프롤레타리아가 물적 생산수단으로부터 〈분리되어〉 있
는 것과 같은 상황입니다. 우리는 한 국가가 위의 두 가지
원칙 중 어느 원칙에 입각하여 행정 간부진과 행정수단 간
의 관계를 규정하고 있는가를 기준으로 모든 국가체제를
유형적으로 분류할 수 있습니다. 그러나 우선 이 두 가지
원칙의 차이를 다시 한 번 부연설명하자면: 통치자가 행
정에 대해 독자적 통제권을 스스로 확보하고 단지 사적 신
하 또는 고용된 관리 또는 사적 충신과 심복으로 하여금
이 조직을 관리하게 하는가 — 이 경우 행정관료들은 물적
운영수단의 소유자, 즉 독자적 권리로 이 수단을 점유하
고 있는 자가 아니라 이 운영수단의 사용에 있어서 통치자
의 지휘를 받습니다 — 아니면 그 정반대의 상황인가, 즉

행정 간부들이 행정수단을 독자적으로 소유하는가라는 차이입니다. 이 차이를 기준으로 우리는 과거에 있었던 모든 행정조직들을 구별할 수 있습니다.

물적 행정수단의 전부 또는 일부가 통치자와 종속관계에 있는 행정 간부진의 수중에 있는 정치체제를 우리는 〈**신분적으로**〉 조직된 정치체제라고 부르고자 합니다. 예를 들어 봉건적 체제의 경우 가신은 봉토로 부여받은 영토 내의 행정과 사법업무의 비용을 스스로 부담했으며, 전쟁수행을 위한 장비와 식량도 스스로 조달했습니다. 그리고 이것은 그에게 종속된 하위가신들의 경우도 마찬가지였습니다. 이러한 상황이 가신들의 상전인 군주의 권력지위에 영향을 끼쳤음은 두말할 나위도 없습니다. 왜냐하면 군주의 권력지위는 오로지 가신과의 개인적 충성 동맹에만, 그리고 가신의 봉토 소유와 그의 사회적 명예의 〈정당성〉의 근거가 군주에게 있다는 사실에만 의거하고 있기 때문입니다.

그러나 다른 한편으로 우리는 군주 자신이 행정을 관장하고 있는 현상도 정치조직 발전의 가장 초기에서부터 어디에서나 발견할 수 있습니다. 이 경우 군주는 노예, 시종, 사적으로 '총애를 받는 자들'과 같이 개인적으로 그에게 예속된 사람들을 통해서, 그리고 자신의 창고에서 현물과 화폐로 녹봉을 주는 봉록자들을 통해서 직접 행정을 관장합니다. 또한 그는 행정비용을 자신의 영지 수입에서 스스로 부담하며, 자신의 곡식창고와 물품창고, 그리고 무기고로부터 무기와 식량을 공급받는 군대, 그러니까 순전히 개인적으로 자신에게 예속된 군대를 만들고자 합니다. 〈신분적〉 체제하에서 통치자는 자립적 〈귀족〉의 도움으로 통치를 하며, 따라서 귀족과 지배를 공유하는 데 반하여, 방금 언급한 유형의 통치자는 가내예속인들 아니면 평민들을 활용합니다. 이들은 무산 계층이며 아무런 독자적인 사회적 명예도 지니지 못한 계층입니다. 이들은 물질적으로도 완전히 통치자에게 예속되어 있으며 그와 경쟁할 만한 어떠한 독자적 권력기반도 없습니다. 모든 형태의 가부장적, 가산제적 지배, 술탄적[6] 전제정치와 관료적 국가질서가 이 유형에 속합니다. 특히, 바로 근대 국가의 특징이기도 한, 고도로 합리적인 발전단계에 도달한 관료적 국가질서가 이 유형에 속합니다.

---

6) 이슬람교의 종교적 최고 권위자인 칼리프가 수여한 정치적 지배자의 칭호. 13세기 이후 세속권력의 최고 권위를 지니는 이슬람 전제군주의 공식칭호로서 투르크계(系)의 가즈나왕조에서부터 사용되었다.

서구 근대국가의 형성: 직업 정치가의 출현

근대국가의 발전은 어디서나 군주가 그와 공생해 왔던 독립적이며 〈사적인〉 행정권 소유자층의 권한을 박탈함으로써 시작합니다. 이 계층은 그때까지는 행정수단, 전쟁수단, 재정수단 및 기타 정치적으로 이용 가능한 모든 종류의 재화들을 직접 소유하고 있었던 계층이었습니다. 그런데 위의 박탈과정은 독립적 생산자들의 생산수단을 점차 박탈함으로써 진행되는 자본주의적 기업의 발전에 전적으로 상응하는 과정입니다. 상기한 정치적 과정의 궁극적 결과로, 근대국가에서는 실제로 모든 정치적 운영수단에 대한 재량권이 단 하나의 정점에 집중되게 되었습니다. 따라서 그 어떤 관리도 자기가 지출하는 돈의 사적 소유자가 아니며, 자신이 관리하는 건물, 비축물, 도구, 무기 등의 사적 소유자가 아닙니다. 다시 말하여, 오늘날의 〈국가〉에서는 ― 그리고 이 점은 국가 개념의 본질적 요소입니다 ― 행정인력을, 즉 행정관료와 행정고용인을 물적 운영수단으로부터 〈분리〉시키는 과정이 완전히 관철되었습니다. 이런 상황에서 가장 최근의 사태[7]가 일어났는데, 이 혁명적 사태는 우리의 눈앞에서 정치적 수단과

정치권력의 상기한 박탈자, 즉 국가라는 박탈자의 권력을 박탈하고자 하는 시도입니다. 그리고 적어도 한 가지 점, 즉 합법적 통치기구들을 지도자들로 대체했다는 점으로 보면 이 혁명은 위의 시도에서 성공했습니다. 이 지도자들이란 권력찬탈을 통해서 아니면 선거를 통해서 정치적 간부진과 물적 장치들에 대한 통제권을 장악하고 자신들의 정당성을 — 이것이 얼마나 타당한지는 제쳐놓더라도 — 피지배자의 의지에서 도출합니다. 물론, 이들이 이러한 — 적어도 외견상의 — 성공을 근거로 과연 자본주의적 기업 내부에 들어가서도 권력박탈을 수행할 수 있을지 여부는 또 다른 문제입니다. 왜냐하면 자본주의적 기업의

---

7) 제1차 세계대전 말기에 일어난 이른바 '독일혁명'의 상황을 지칭하고 있다. 독일이 연합군에게 항복하기 직전인 1918년 11월 3일 독일 북부 킬 군항(軍港)에서 해군수뇌부의 독자적 전투계획에 반대한 수병들이 반란을 일으키자, 킬시(市)의 노동자들도 이 반란에 합류하였다. 이로 인해 노동자·병사 평의회가 구성되어 그들이 킬시의 실권을 장악하였으며, 이 혁명은 독일 북부에서 서부 및 남부로 급속하게 확대되어 갔다. 물론 좌파 중심의 혁명운동은 결국 진압되었으나, 이러한 과정의 결과로 독일의 제2제정은 붕괴되고 1919년 1월에 '바이마르 공화국'이 탄생하게 된다.

운영은 정치적 행정과 상당부분 유사하기는 하지만 그럼에도 불구하고 본질적으로 정치적 행정과는 전혀 다른 법칙을 따르고 있기 때문입니다. 오늘은 이 문제에 대한 저의 입장은 밝히지 않겠습니다. 여기서는 단지 우리의 주제와 관련된 순수하게 개념적 측면만을 확인해 두고자 합니다.

근대국가는 공적 법인체의 성격을 띤 지배조직입니다. 이 지배조직은, 한 특정한 영토 내에서, 정당한 물리적 폭력을 지배수단으로 독점하는 데 성공한 지배조직입니다. 근대국가는 이러한 독점을 위해 모든 물적 운영수단을 국가 운영자의 수중에 통합시켰고, 과거에 이 물적 운영수단에 대해 독자적 처분권을 가졌던 모든 자립적 지배층의 권한을 박탈하고 그들의 자리에 국가 자신을 그 정점으로 정립하였습니다.

세계의 모든 나라에서, 비록 그 성공의 정도는 다르다고 할지라도 이러한 정치적 박탈과정이 진행되어 왔습니다. 이 과정에서 **두 번째 의미**[8]의 〈직업 정치가〉들의 첫 유형이 출현하였는바, 이들은 초기에는 군주 수하 인물들

---

8) 첫 번째 의미의 '직업 정치가'는 서두에서 언급한 데마고그 등과 같은 '카리스마적' 정치가들이다.

이었습니다. 이 유형의 직업 정치가들은 카리스마적 지도자들과 같이 스스로 통치자가 되려는 사람들이 아니라 정치적 통치자의 **수하**에 들어간 사람들입니다. 이들은 상기한 박탈투쟁에서 군주의 편에 섰고, 그의 정책을 집행해 주었으며, 이를 통해 그들은 한편으로는 자신들의 물질적 생계기반을 확보하고 다른 한편으로는 이 활동을 자신들의 삶의 이념적 내용으로 삼았던 것입니다. 그런데 **이런 종류**의 직업 정치가들이 군주 이외의 다른 세력들에게도 봉사했다는 사실은 다시금 서양 특유의 현상입니다. 아무튼 이들은 군주의 가장 중요한 권력도구였고 또한 상기한 정치적 박탈작업의 도구였습니다.

02

직업 정치가의 제 측면

정치참여의 다양한 방식

앞서 언급한 유의 직업 정치가들에 대해 자세히 논의하기 전에 우선 이런 〈직업 정치가들〉의 존재가 만들어 내는 상황을 모든 측면에서 명확히 해 보도록 합시다. 〈정치〉란 한 정치적 조직체 내에서의 권력배분 또는 여러 정치적 조직체들 간의 권력배분에 영향력을 행사하고자 하는 행위입니다. 이런 의미에서의 〈정치〉를 하는 길은 여러 가지입니다. 우리는 가령 〈임시〉 정치가로, 부업 정치가로 또는 직업 정치가로 정치를 할 수 있으며, 이것은 경제적 영리활동에서 그러한 것과 똑같습니다. 가령 우리가 투표

하거나 또는 이와 유사한 정치적 의사를 표명하거나 — 예
컨대 〈정치적〉 집회에서 지지 또는 반대의사 표명 — 또
는 〈정치적〉 연설을 할 때 우리는 모두 〈임시〉 정치가입
니다. 그리고 많은 사람들에 있어서 정치와의 관계는 이
정도가 전부입니다. 오늘날 부업 정치가로는, 예컨대 정
당정치에 관련된 여러 단체들의 대표와 임원진을 들 수 있
습니다. 이들은 필요할 때만 정치활동을 하는 것이 상례
이며 물질적으로나 이념적으로나 이러한 정치활동을 자
신들 〈삶의 영위〉에서 최우선적 과제로 삼지는 않습니
다. 또한 소집될 때만 활동하는 추밀원 및 이와 유사한 자
문기관 구성원들의 경우에도 사정은 같습니다. 그리고 우
리의 국회의원들 가운데 회기 중에만 정치활동을 하는 상
당수의 의원도 이런 유형에 속합니다.

과거에는 이러한 집단들이 특히 지배 신분계층에 많았
습니다. 여기서 〈신분계층〉이란 군사적 수단이나 행정에
중요한 물적 운영수단 또는 개인적 통치권한을 독자적으
로 소유한 계층을 지칭하는 개념으로 규정하고자 합니다.
이들의 대부분은 그저 간간이 정치에 참여하는 것에 그쳤
으며, 정치에 자신의 삶을 전적으로, 또는 우선적으로 바
치겠다는 생각은 전혀 가지고 있지 않았습니다. 그보다 이

들은 자신의 통치권한을 지대의 확보나 심지어는 이윤추구에 활용했습니다. 즉, 이들은 단지 군주 또는 같은 신분의 동료가 특별히 요청했을 경우에만 정치적 조직체에 참여하여 정치활동을 했던 것입니다. 그런데 이들만 그러했던 것은 아닙니다. 군주가 자신에게만 복종하는 정치적 독자조직을 창출하려는 투쟁과정에서 끌어들였던 보좌 세력들 중의 일부도 그러했습니다. 〈궁중소속 고문관〉 그리고 더 거슬러 올라가서는 〈원로원〉 및 군주의 다른 자문기관에 속했던 고문관들의 상당부분도 이런 성격을 가지고 있었습니다. 그러나 군주가 이런 유의 단지 일시적으로만 그리고 부업으로만 봉사하는 보좌 인력을 가지고는 자신의 업무를 감당해 낼 수 없었다는 것은 자명합니다. 그는 당연히 그에게만 전적으로 봉사하는, 본업적 보좌 인력진을 창출하려고 시도했습니다. 그리고 그가 이런 보좌 인력을 어디에서 충원했는지는 해당 시기에 형성되던 왕조의 정치조직의 구조에 결정적 영향을 끼쳤으며, 그뿐 아니라 더 나아가서는 해당 문화의 전체적 특징의 형성에도 결정적 영향을 끼쳤습니다.

그런데 군주가 직면했던 것과 같은 불가피한 상황, 곧 본업적 보좌 인력의 충원이라는 불가피한 상황에 군주보

다 더 절실히 봉착했던 정치적 조직체들이 있었는데, 그
것은 군주권력의 완전한 제거 또는 그것의 대폭적 제한하
에 스스로를 (이른바) 〈자유로운〉 정치 공동체로 확립시
켜 나가던 조직체들이었습니다. 물론 이들이 〈자유롭
다〉는 말은 강제(폭력)에 의한 지배로부터 자유롭다는 뜻
이 아니라, 전통에 의거해 정당화되고 (대부분 종교적으로
신성화되었으며), 모든 권위의 유일무이한 원천이었던 군
주권력이 이 조직체들 내에는 존재하지 않았다는 것을 뜻
합니다. 이러한 자유 정치 공동체는 역사적으로 서양에서
만 발생했습니다. 이 공동체의 맹아는 지중해 문화권에서
처음으로 등장한, 정치적 조직체로서의 도시에서 발견할
수 있습니다. 아무튼 이 모든 경우들에서 〈본업적〉 정치
가들은 어떤 모습을 하고 있었을까요?

직업으로서의 정치

정치를 자신의 직업으로 삼는 데에는 두 가지 방식이 있습
니다. 그 하나는 정치를 〈위해서〉 사는 것이고, 다른 하
나는 정치에 〈의존해서〉 사는 것입니다. 그러나 이 두 가

지 방식은 결코 서로 배타적인 것은 아닙니다. 오히려 사람들은, 적어도 이념적으로는, 그러나 대부분 실제로도 이 두 가지 방식을 동시에 따르는 것이 보통입니다. 그래서 정치를 〈위해서〉 사는 사람도 **내면적으로** 〈정치를 자신의 삶의 지주로 삼는다〉는 의미에서는 정치에 의존해서 사는 것입니다. 그는 자기가 행사하는 권력의 소유 그 자체를 즐기거나, 또는 하나의 〈대의〉에 대한 헌신이 자신의 삶의 **의미**라는 의식을 통해 내적 균형과 자부심을 획득하고 유지합니다. 이러한 내적 의미에서 볼 때 하나의 대의를 위해 사는 진지한 사람은 곧 이 대의에 〈의존해서〉 산다고도 할 수 있을 것입니다. 그러나 정치를 〈위해서〉 산다는 것과 정치에 〈의존해서〉 산다는 것 사이의 상기한 구별은 직업으로서의 정치라는 문제가 가진 훨씬 더 실질적 측면과 연관되어 있는데, 그것은 곧 경제적 측면입니다.

직업으로서의 정치에 〈의존해서〉 사는 사람은 정치를 지속적 **소득원**으로 삼고자 하는 사람인 데 반해, 정치를 〈위해서〉 사는 사람의 경우에는 그렇지 않습니다. 사유재산 제도의 지배하에서 한 개인이 이러한 경제적 의미에서 정치를 〈위해서〉 살 수 있으려면 몇 가지의, 말하자면 매우 통속적 전제조건이 필요합니다. 그는 — 일상적 상황에서는 — 정치가 그에게 가져다줄 수 있을 소득에 경제적으로 의존하지 않아도 되어야 합니다. 아주 간단하게 말하자면, 그는 부유하거나 아니면 충분한 수입을 보장해주는 개인적 생활여건을 가지고 있어야 합니다. 적어도 일상적 상황에서는 그렇다는 것입니다. 물론 전쟁군주의 측근 부하들이나 거리의 혁명영웅의 추종자들은 일상적 경제적 조건을 무시합니다. 이들은 모두 전리품이나 약탈물, 몰수, 점령 분담금, 무가치한 강제 지불수단의 강요 등 — 이것들은 본질적으로 모두 같은 것입니다만 — 에 의존해 생활합니다. 그러나 이러한 것들은 부득이한 비일상적 현상들입니다. 그에 반해 일상적 경제하에서는 독자적 재산만이 경제적 독립을 보장해 줍니다. 그러나 이러한 경제적 독립만으로는 충분하지 않습니다. 정치를 〈위해서〉 살고자 하는 자는 이에 더하여 경제활동에 〈묶여 있어서〉는 안 됩니다. 다시 말하여, 그 스스로가 직접 지속적으로 자신의 노동력과 사고력을 전부 또는 상당부분 영리활동에 투여하지 않고도 자신의 수입을 확보할 수 있어야 하는 것입니다. 이런 의미에서 경제활동에 묶여 있지 않은 가장 완벽한 경우는 금리 내지 지대생활자입니다. 그는 완전히 불로소득 생활자입니다. 이 불로소득의 원천은, 과거의 영주와 오늘날의 대지주 및 귀족의 경우에서와 같이 지대일 수도 있고 — 고대 및 중세의 노예와 농노의 공납도 여기에 포함시킬 수 있습니다 — 유가증권이나 이와 유사한 근대적 금리수입일 수도 있습니다.

그런데 노동자는 물론이고 — 이 점은 매우 중요합니다 — 기업가도, **특히** 근대적 대기업가도 방금 언급한 금리생활자가 누리는 것과 같은 여유를 가지고 있지 않습니다. 왜냐하면 기업가야말로 자신의 기업에 얽매여 있으며 경제활동에서 벗어날 수가 **없기** 때문입니다. 물론 이 점에서 농업분야 기업가는 농업의 계절성 때문에 산업 기업가보다는 훨씬 여유가 있기는 합니다만. 아무튼 기업가는 잠시라도 자기역할을 남에게 맡기기가 대단히 어려운 사람입니다. 이것은 의사의 경우에도 마찬가지입니다. 그가 유명하고 바쁘면 바쁠수록 더욱더 그러합니다. 이 점에서 변호사들은 사정이 더 나은데, 그것은 전적으로 변호사 업무의 운영기술상의 특징에 기인하는 것입니다. 이런 이유에서 변호사는 직업 정치가로서는 다른 직종과는 비교할 수 없으리만큼 큰 역할을, 때로는 지배적 역할을 해 왔습니다. 이런 구체적 사례의 추적은 이 정도로 해 두

고, 이제 지금까지의 고찰이 가진 몇 가지 함의를 명확히
해 보기로 합시다.

한 국가나 정당이 (경제적 의미에서) 정치에 의존하여
사는 사람들이 아니라 전적으로 정치를 위하여 사는 사람
들에 의해 운영된다 함은 필연적으로 정치적 지도층이
〈금권 정치적〉[9]으로 충원된다는 것을 의미합니다. 그
러나 이 말이, 곧 그 역도 옳다는 것을 의미하지는 않습니
다. 다시 말하여, 금권 정치적으로, 즉 자산가들에 의해
국가가 운영된다고 해서 이런 정치적 지배계층이 정치에
〈의존해서〉 살 생각을 하지 않았다는 것, 다시 말해서 이
들이 자신의 정치적 지배를 사적인 경제적 이익을 위해 활
용하지 않았다는 것은 아닙니다. 당연히 그렇지 않았지
요. 사실 어떤 식으로든 자신의 지배권을 경제적 이익을
위해 활용하지 않은 지배계층은 지금껏 없었습니다. 따라
서 금권정치에 대한 위의 명제가 의미하는 바는 이런 것이
아니라 단지 다음과 같은 것일 뿐입니다. 즉, 금권 정치적

---

9) Plutokrarie. '금권정치'란 부유한 자가 지배하는 정치체제를
   의미한다. 고대 그리스의 경우 이 개념은 지자(知者)의 지배
   나 전사(戰士)의 지배, 혹은 무산 대중의 지배와 대치되는 부
   자의 지배를 의미했다.

조건하에서의 직업 정치가는 자신의 정치활동에 대해 곧
바로 경제적 보상을 추구할 필요가 없는 반면에 재산이 없
는 정치가는 이런 보상을 추구할 수밖에 없다는 것입니다.
그렇다고 해서 재산이 없는 정치가는 오로지 또는 주로 정
치를 통한 자신의 경제적 생계확보만을 염두에 두고 있지
〈대의〉에는 전혀 관심이 없거나 또는 주된 관심을 두고
있지 않다는 말은 아닙니다. 이것보다 더 잘못된 생각도
없을 것입니다. 왜냐하면 경험으로 미루어 볼 때, 자산가
들은 자기 생활의 경제적 〈안정성〉을 — 의식적이든 무의
식적이든 — 그의 인생 설계에서 최우선적으로 고려하기
때문입니다. 그리고 거꾸로, 재산이 없고 따라서 기존의
경제체제의 존속을 바라지 않는 집단에 속하는 계층이야
말로 — 물론 전적으로 이 계층만이 그런 건 아닙니다만 —
가장 철저하고 절대적인 정치적 이상주의의 주창자들일
수가 있는 것입니다. 그리고 이것은 특히 비일상적, 즉 혁
명적 시기에 그러합니다. 따라서 재산이 없는 정치가에 대
한 위의 언급이 의미하는 바는 단지, 만약 우리가 정치지
망생, 지도층 및 그의 추종자들을 비금권 정치적 방식으로
충원하고자 한다면, 그것의 당연한 전제조건은 이 정치지
망생들이 정치활동을 통해서 정기적이고 확실한 수입을

얻을 수 있어야 한다는 것입니다.

정치는 〈명예직으로〉 수행될 수도 있습니다. 이럴 경우에 정치는, 흔히 말하듯이, 〈독립적인〉 사람들, 즉 자산가, 특히 금리생활자에 의해 수행됩니다. 아니면 재산이 없는 사람들에게도 정치적 지도층으로의 길을 열어 줄 경우, 이들은 보수를 받아야 합니다. 정치에 의존해서 사는 직업 정치가는 순수한 〈봉록자〉이거나 아니면 유급 〈관료〉일 수 있습니다. 이런 정치가는 특정한 업무에 대한 수수료 및 사용료 — 수고비와 뇌물은 이 범주의 한 변형에 불과하며 그것은 비정규적이고 또한 공식적으로는 비합법적 소득입니다 — 에서 수입을 얻거나 아니면 고정적 현물급여나 화폐봉급 또는 이 둘 다를 받습니다. 또한 그는 〈기업가〉적 성격을 띨 수도 있습니다. 가령 과거의 용병대장이나 관직 임차인, 관직 매수인 또는 미국의 보스[10] 가 그러한

---

10) '보스'의 어원은 네덜란드어의 우두머리란 의미의 '바스'(*bass*)에서 비롯되었으며, 일반적으로는 집단의 책임자나 지도자를 뜻한다. 그러나 좁은 의미에서 '보스정치'는 미국 정치에서 정당의 지방조직을 장악하는 실력자가 공식적 책임을 지지 않으면서 정치적 영향력을 발휘하는 것을 말한다. 이에 대해 베버는 아래에서 상세히 논하고 있다.

예인데, 미국의 보스는 자신의 지출비용을 일종의 자본투자로 간주하고 이 투자가 이윤을 남기도록 자신의 영향력을 행사합니다. 또한 정치에 의존해서 사는 직업 정치가는 편집장이나 당 서기, 근대의 장관이나 정치 관료 등과 같이 고정 봉급을 받을 수도 있습니다. 군주나 승리한 정복자, 성공적 수령 등이 그들의 추종자들에게 제공한 전형적 보상은 과거에는 봉토, 토지증여, 모든 종류의 봉록, 그리고 화폐경제가 발전한 후에는 특히 수수료 봉록 등이었습니다. 오늘날의 정당 지도자들이 충성봉사의 보상으로 배분하는 것은 정당, 신문사, 협동조합, 의료보험, 지방자치단체, 국가기관 등에 있는 모든 종류의 관직들입니다. 정당 간의 모든 투쟁은 본질적 목표를 위한 투쟁일 뿐 아니라 관직 수여권을 위한 투쟁이기도 합니다.

예컨대 독일에서 지방분권주의자와 중앙집권주의자 간의 모든 투쟁은 어느 파가, 즉 베를린파, 뮌헨파, 칼스루에파, 그리고 드레스덴파 중 어느 파가 관직 수여권을 장악할 것인가를 두고 벌어지는 투쟁입니다. 정당들은 관직참여에서 뒤지는 것을 자신들의 본질적 목표를 배반하는 것보다 더 심각하게 받아들입니다. 프랑스에서는 당 정책에 의한 지방장관의 교체가 정부의 정강 수정보다 더 큰 변혁으로 간주되고, 또 더 큰 소동을 야기했습니다. 실제로 정부의 정강은 순전히 상투어들의 나열이라는 의미밖에는 가지지 못했습니다. 많은 정당들, 특히 미국의 정당들은 헌법 해석에 대한 과거의 대립이 사라진 후에는 순전히 관직사냥 정당이 되어 버렸으며, 따라서 이들은 자신들의 핵심적 정강도 득표 가능성에 맞추어 바꾸어 버립니다. 스페인에서는 최근까지도 상부에서 조작한 〈선거〉라는 형태를 빌려 양대 정당이 관습적으로 정해진 주기에 따라 서로 정권교체를 했는데, 이것은 자신의 추종자들에게 관직을 보급하기 위한 것이었습니다. 스페인의 식민지에서는 이른바 〈선거〉라는 것도, 또한 이른바 〈혁명〉이라는 것도 그 목적은 사실은 국가의 여물통을 차지하는 것입니다. 승리자들은 이 여물통에서 관직이라는 사료를 얻기를 바라는 것입니다.

스위스의 정당들은 비례대표제를 통해 관직을 서로 사이좋게 할당합니다. 그리고 독일의 상당수 〈혁명적〉 헌법초안들, 이를테면 바덴의 1차 헌법초안은 이 관직할당 체제를 장관직에까지 확대하고자 했는데, 이것은 국가와 국가관직을 순전히 봉급자 부양기관으로 취급하겠다는 것입니다. 특히 가톨릭 중앙당은 바덴에서 이 초안을 열

렬히 지지하면서 업적에 관계없이 종파에 따라 관직을 비율대로 배분하는 것을 심지어 강령으로까지 만들었습니다. 관료제가 일반적으로 관철됨에 따라 관직의 수가 증대하고, 각별히 **보장된** 생계수단의 한 형태로서의 관직에 대한 수요가 증대하면서 모든 정당에서는 상기한 경향이 강화되고 있으며 당원들은 점차 정당을 그런 식으로 생계를 보장받기 위한 하나의 수단으로 여기게 됩니다.

근대 전문 관료층의 대두

이러한 경향과는 대조되는 것이 근대 관료층의 발전입니다. 근대 관료층은 장기간의 예비교육을 통해 전문적 훈련을 받은 고급 정신노동자로 발전했으며 청렴성의 확립을 위해 신분적 **명예심**을 고도로 개발했습니다. 이러한 명예심이 없었더라면 필연적으로 엄청난 부패와 저속한 속물근성이 만연했을 것이며, 이것은 또한 국가기구의 단순한 기술적 작동조차도 위협했을 것입니다. 그런데 이것은, 국가기구가 경제에 대해 지니는 중요성이, 특히 국유화의 진척과 함께, 지속적으로 증대했고 또 앞으로도 계속 증대할 것임을 고려하면 심각한 상황이 아닐 수 없었을 것입니다. 미국만 해도 과거에는 대통령 선거 결과에 따라, 심지어는 우편배달부에 이르기까지 수십만의 관리들을 갈아 치우는 약탈정치가들의 아마추어 행정이 지배했고 종신직 직업공무원이라는 것은 알지도 못했지만, 그러나 이런 아마추어 행정은 공무원 제도개혁11)에 의해 이미 오래전에 큰 변화를 겪었습니다. 그리고 이것은 행정이 가진 순전히 기술적 불가피성에 따라 나타난 결과입니다.

유럽에서는 거의 500여 년에 걸쳐 서서히 노동 분업적 전문관료층이 발전했습니다. 이탈리아의 도시국가와 시회(市會)가 그 시초였으며, 군주국가들 중에서는 노르만족의 정복국가가 그 시초였습니다. 그러나 결정적 발전은 군주의 **재정분야**에서 진행되었습니다. 물론, 막시밀리안 황제12)의 행정개혁을 보면, 극도의 곤경과 터키인의 지

---

11) 1883년에 제정된 이른바 〈펜들튼법〉에 의한 미국관리임용 제도의 개혁을 뜻한다. 이 개혁을 통해 앞서 언급된 엽관제가 폐지되고 '메리트 시스템'(자격임용제, 능률급제) 도입의 계기가 마련된다.

12) Maximillian II. 신성로마제국의 황제(재위 1564~1576). 그

배라는 위기상황에서조차도 관료층이 재정분야에서 군주의 권력을 제한하는 것이 얼마나 어려운 일이었는가를 알 수 있습니다. 그리고 이 분야는 그 당시만 해도 아직 주로 기사(騎士) 출신이었던 군주들의 졸렬함이 가장 큰 해를 끼칠 수 있었던 분야였습니다. 그 외에 전쟁기술의 발전은 전문장교를 낳았고, 사법절차의 정교화는 훈련된 법률가를 낳았습니다. 16세기에 오면 발전된 국가에서는 이세 분야 즉 재정, 군사 그리고 법률 분야에서 전문 관료제가 완전히 정착하게 됩니다. 그리고 이 전문 관료층은 특권적 신분계층에 대한 군주의 승리를 가능하게 했습니다. 그러나 다른 한편으로는 신분계층에 대한 절대군주의 이러한 승리와 동시에 군주는 자신의 절대 지배권을 서서히 전문 관료층에게 넘겨주기 시작하였습니다.

전문훈련을 받은 **관료층**의 상승과 동시에 〈고위 **정치가들**〉의 발전도 — 비록 이것은 관료층의 경우보다는 훨씬

는 대내적으로는 종교적·정치적 대립에 대처하였으나 성공하지 못했고, 대외적으로는 터키와의 싸움에서 패하고 또한 폴란드 왕위 획득에도 실패하였다. 그러나 예술가·학자를 보호하고 빈대학을 지원, 서적을 수집하는 등 문화의 진흥에 힘썼다.

눈에 덜 띄는 과정이기는 했지만 — 진행되었습니다. 물론, 예로부터 세계 어느 곳에서나 이런 유의, 실질적으로 막강한 권력을 행사하는 군주 자문관들은 있었습니다. 예컨대 동방에서는 통치의 결과에 대한 개인적 책임으로부터 술탄을 가능한 한 보호하기 위해 〈대재상〉이라는 전형적 인물이 창출되었습니다. 서양에서는 칼 5세[13] 시대 — 이것은 마키아벨리의 시대입니다 — 에 처음으로 외교술이 의식적으로 육성된 하나의 기술이 되었으며, 이 과정은 특히 그 당시 외교 전문가들이 애독했던 베니스 공사관 보고서들에서 영향을 받았습니다. 대개 인문주의적 교육을 받은 이 기술의 대가들은 서로를 비법을 전수받은 훈련된 집단으로 대했는데, 이것은 마치 최근 동란기[14]의 중국 문인정치가들의 경우와도 흡사했습니다. 그런데 국내 정치를 포함하여 정치 **전반**을 한 사람의 정치 지도자가 형식상 통일적으로 지휘해야 할 필요성은 입헌제가 발전함에 따라 비로소 본격적으로 그리고 불가피하게 대두했습니다. 물론 그전에도 그런 유의 인물은 군주의 자문 역으로, 그보다는 군주의 — 실질적 — 지도자로 흔히 존재하

13) Karl V. 독일 황제(재위 1516~1567).
14) 1911년 신해혁명 전후를 뜻하는 듯하다.

기는 했습니다만. 그러나 통일적 지휘기능을 가진 정치 지도자의 필요성이 대두하기는 했지만, 정작 행정관청들의 조직화는, 가장 발전된 국가들에서조차도, 처음에는 다른 길을 갔습니다. 즉, 우선은 합의제적 최고 행정관청들이 생겨났던 것입니다. 이론상으로나 그리고, 물론 점차 감소하는 추세이긴 했지만 실제적으로도 이 관청들은 군주의 직접적 주재하에 회의를 했으며 결정은 군주가 내렸습니다. 이 합의제에서는 의견서와 반대의견서가 다루어졌고 안건제안 설명에 의거한 투표를 통해 다수파와 소수파가 가려졌습니다. 이미 그 당시 점차 아마추어의 지위로 전락하던 군주는 이 합의제를 이용하고 또한 공식적 최고 관청 이외에도 순전히 사적인 심복들 — 즉 '내각' — 을 거느렸습니다. 그리고 군주는 이들을 통해 자신의 의견을 국가추밀원 — 위의 최고 관청이 가진 이름 중의 하나입니다만 — 에 전달하는 등의 방식으로, 전문훈련을 받은 관료층이 그에게 가해 오는 압력 — 이 압력은 불가피하게 증대되어 왔습니다 — 에서 벗어나 최고 지도권을 장악하고자 시도했습니다. 전문 관료층과 전제정치 간의 이러한 잠재적 투쟁은 어디에나 존재했습니다.

전문 관료층, 군주 그리고 의회

그런데 의회가 등장하고 의회 내 정당지도자들이 권력 장악을 지향하면서부터 상황은 달라지게 되었습니다. 이런 변화를 야기한 조건들은 매우 다양했습니다만, 그 결과는 외양상 같았습니다. 물론 이 결과에도 일정한 차이가 있기는 합니다. 이를테면 왕조가 실제 권력을 확고히 장악한 경우에는 — 독일이 그랬습니다만 — 어디서나 군주의 이해관계와 관료층의 이해관계가 견고히 결탁하여 의회 및 의회의 권력추구에 **대항**하였습니다. 왜냐하면 관료들은 장관직 같은 고위직도 자신들이 차지하기를, 그래서 이런 고위직이 관료승진의 정상경로가 되기를 바랐고, 군주는 그 나름대로 자신에게 충성하는 관료들 중에서 자신의 재량에 따라 장관을 임명하고자 했기 때문입니다. 그런데 이 양자의 공통된 관심사는, 자기 진영의 정치적 지도부가 의회에 대하여 통일되고 단합된 힘으로 대처하는 것이었고, 그러기 위해서는 합의제 체제를 단일한 내각수반으로 대체하는 것이 유리했습니다. 더욱이 정당 간의 투쟁이나 정당들의 공격으로부터 공식적으로는 벗어나 있기 위해서도 군주는 자기를 보호하는 책임 있는 인물, 즉 의회에 나가

답변하고 의회에 반론을 제기하며 정당들과 협상을 할 수 있는 그런 인물이 필요했습니다. 이러한 모든 이해관계는 다 같이 한 가지 방향으로 작용하였는데, 그것은 곧 단일 지도 체제적 관료직 — 장관의 출현이었습니다.

의회권력의 발전이 정치 지도부의 단일화를 더욱더 강하게 촉진시킨 경우는, 의회가 — 영국에서와 같이 — 군주에 대해 우세한 지위를 획득했던 경우입니다. 영국에서는 중심적 의회 지도자, 이른바 〈리더〉(leader)를 수반으로 하는 〈내각〉이 발전했는데, 이 내각은 그때그때의 다수당의 — 다수당은 공식법상으로는 공인되지 않았지만, 실제로는 유일한 결정적 정치권력이었습니다 — 위원회와 같은 것이었습니다. 다시 말하여, 공식적 합의제 조직들은 그 자체로서는 정당이라는 진정한 지배권력의 기관들이 아니었으며, 따라서 실제적 통치의 주체가 될 수 없었습니다. 지배정당이 대내적으로 권력을 유지하고, 대외적으로 큰 정치를 할 수 있기 위해서 필요로 했던 것은 오히려 다음과 같은 것이었습니다. 한편으로는 당내에서 실질적으로 주도적인 인물들만으로 구성되어 있으면서 은밀히 협상할 수 있는 그런 강력한 조직, 즉 내각을 필요로 했으며, 다른 한편으로는 국민, 특히 의회여론을 상대로 모든 결정에 대해 책임을 질 수 있는 지도자, 즉 내각 수반을 필요로 했습니다. 이러한 영국식 체제는 후에 의원내각제의 형태로 대륙에 전파되었습니다. 단지 미국 및 미국으로부터 영향을 받은 민주주의 체제에서만 이러한 의원내각제와는 전혀 이질적 체제가 대안으로 정착되었습니다. 미국식 체제에서는 국민의 직접선거에서 승리한 정당이 선택한 지도자가, 자신이 임명한 관료기구의 수반이 되며 그는 단지 예산과 입법사항에서만 의회의 동의를 필요로 할 뿐입니다.

전문 관료와 정치 관료

정치활동이 이제는 하나의 〈지속적 조직 활동〉으로 발전하게 되었는데, 이런 활동을 할 수 있기 위해서는 권력투쟁에 대한 훈련 및 근대적 정당제도가 발전시킨 그런 투쟁방법들에 대한 숙달이 필요했습니다. 이러한 발전의 결과, 공직자들도 두 가지 범주로 나뉘게 되었습니다. 물론 이 두 범주 간의 차이가 그렇게 극단적인 것은 결코 아닙니다만, 그러나 양자는 분명히 서로 구별됩니다. 그 하나는 〈전문 관료〉이고 다른 하나는 〈정치 관료〉입니다. 본래적 의미에서의 〈정치〉 관료는 보통 다음과 같은 외적 특징을 지니고 있습니다. 그는 언제든 임의로 전직되고 해임될 수 있으며 또한 〈휴직에 처해질〉 수도 있습니다. 프랑스의 지사와 다른 나라들의 이에 상응하는 관료가 그러합니다. 이것은 사법기능을 가진 관료들의 〈독립성〉과 극단적 대조를 이룹니다. 영국의 경우에는 다수당이 교체되고 따라서 내각이 교체되면 확립된 관행에 따라 관직에서 사임하는 관료들이 있는데 이들이 위의 범주에 속합니다. 특히 일반적 〈내무 행정〉을 담당하는 관료가 이 정치 관료의 범주에 속하는 것이 상례입니다. 그의 업무가 가진 〈정치적〉 요소는 무엇보다도 국내 〈질서〉의 유지, 즉 기존의 지배관계의 유지라는 과제입니다. 프러시아에서는 푸트캄머[15]의 법령에 따라 이러한 정치 관료들은, 문책을 면하기 위해서 〈정부의 정책을 대변〉해야만 했으며, 또한 이들은, 프랑스의 지사와 마찬가지로, 선거에 영향을 끼치기 위한 관의 도구로 이용되었습니다. 물론, 독일식 체제에 의하면 대부분의 정치 관료들은, 다른 나라

15) R. K. Puttkamer (1828~1900). 프러시아의 교육부 정관.

의 경우와는 달리, 여타 모든 관료들과 동일한 자격을 갖추어야 했습니다. 왜냐하면 정치적 관직의 수임도 대학교육, 전문시험 및 일정한 수습근무를 그 조건으로 했기 때문입니다. 독일에서 근대적 전문 관료층의 이러한 특수한 조건들을 갖추지 않고 있는 유일한 층은 정치적 기구의 수장들인 장관들뿐입니다. 가령 구체제하에서는 고등교육을 전혀 받지 않고서도 프러시아의 교육부 장관이 될 수 있었지만, 그에 반해 국장은 원칙적으로 규정된 시험들을 거친 사람만이 될 수 있었습니다. 그리고 전문훈련을 받은 실무 국장이 — 예컨대 프러시아 교육부의 알트호프 장관 시절에 — 그 분야의 실제적인 기술적 문제들에 대해서는 자기의 상관보다 훨씬 더 정통하고 있었음은 당연한 일입니다. 영국에서도 사정은 다르지 않았습니다. 따라서 실무 국장은 모든 일상적 사안에 있어서는 더 막강한 자였습니다. 그리고 이것은 그 자체로서는 불합리한 것이 아니었습니다. 그도 그럴 것이 장관이란 **정치적** 권력관계의 대표자일 뿐이며, 그는 이 권력관계에서 나오는 정치적 지침들을 대변하고 이 지침들을 기준으로 자기 휘하 전문 관료들의 제안을 검토하여 그들에게 정치적 성격의 적절한 지시를 내릴 의무를 가지고 있었기 때문입니다.

그런데 민간경제의 기업에서도 사정은 이와 매우 비슷합니다. 원래 〈주권자〉라야 할 주주총회는 기업경영에 있어서, 전문 관료의 지배를 받는 〈일반 국민〉과 마찬가지로 영향력이 없습니다. 그리고 기업의 정책을 수립하는 데 가장 중요한 인물들, 즉 은행의 통제하에 있는 〈이사들〉은 단지 사업에 대한 지침을 내리고 기업행정에 필요한 인재 선발을 담당할 뿐이지, 그 자신 경영을 기술적으로 지도해 나갈 능력은 없습니다. 이 점에서는 현재의 혁명국가[16]의 구조 역시 어떠한 근본적 혁신도 보여 주지 못하고 있습니다. 이 혁명국가는 완전한 아마추어들에게 — 이들이 기관총을 장악하고 있다는 이유에서 — 행정권을 넘겨주었으며 전문 훈련을 받은 관료들을 단지 명령을 집행하는 두뇌와 수족으로 이용하고자 할 뿐입니다. 현 체제의 문제점들은 이와는 또 다른 곳에 놓여 있지만, 오늘은 이 문제에 대해서는 언급하지 않겠습니다. 그보다는 이제 〈지도자들〉과 그 추종자들을 포함하는 직업 정치가들의 전형적 특징을 논의해 보고자 합니다. 이 특징은 변화해 왔고 또 오늘날에도 매우 다양한 모습을 띠고 있습니다.

---

16) 앞의 주 7 참조.

03 직업 정치가의 역사적 제 유형

성직자, 문인, 궁정귀족, 도시문벌

앞에서 보았듯이, 과거의 〈직업 정치가들〉은 독립적 신분
계층들에 대한 군주의 투쟁 가운데 군주의 편을 들면서 발
전했습니다. 이러한 직업 정치가들의 주요 유형을 간략히
살펴보기로 합시다.

　신분계층과의 투쟁에서 군주는 비신분계층 가운데 정
치적으로 활용 가능한 계층에게 의존하였습니다. 우선 성
직자들이 이런 계층에 속했습니다. 이것은 인도의 동부와
서부, 불교시대의 중국과 일본, 라마교국인 몽골, 중세
기독교 지역 등 어디에서나 다 마찬가지였습니다. 성직자

들이 문자를 해독할 수 있었다는 점이 그 기술적 이유였습니다. 바라문승, 불교승, 라마승 등을 불러들인다거나 주교나 사제들을 정치고문으로 채용하는 것 등은 어디서나 아래와 같은 의도에서 진행되었습니다. 즉, 문자해독 능력이 있는 행정요원을 확보하여 황제나 군주 또는 칸[17] 이 귀족 신분층과 벌이는 투쟁에서 이들을 활용하고자 하는 의도가 그것입니다. 성직자, 특히 독신 성직자는, 봉건가신들과는 달리, 일상적인 정치적 그리고 경제적 이해관계의 소용돌이에서 벗어나 있었으며 군주에 대항하여 자기 후손을 위한 독자적 정치권력을 확보하고자 하는 유혹에 빠지지도 않았습니다. 그리고 성직자는 그의 신분적 특성상 군주행정의 행정수단으로부터는 〈분리〉되어 있었습니다.

두 번째 계층으로는 인문교육을 받는 문인층이 있었습니다. 우리 시대에도 한때는, 군주의 정치적 조언자, 특히 그의 성명서 작성자가 되기 위해서 라틴어 연설문 작성법과 그리스 시작법을 배우려 했던 시기가 있었습니다. 이때가 인문학자 양성교육기관과 대학 내 왕립 〈시학〉

---

17) 대략 5세기 초 이후 몽골고원에 세워진 여러 유목국가 군주의 칭호.

강좌가 처음으로 꽃핀 시기였습니다. 물론 독일에서는 이 시기가 곧 끝나 버리기는 했지만, 독일의 교육제도에는 지속적으로 큰 영향을 미쳤습니다. 반면에 정치적으로는 그다지 깊은 영향을 미치지 못했습니다. 그런데 동아시아의 경우에는 사정이 달랐습니다. 현대 중국의 고관(만다린)은, 아니 그보다는 과거의 중국 고관은 원래 서양 르네상스 시대의 인문주의자와 거의 유사했습니다. 즉, 그는 예로부터 전수되어 온 문학적 고전들에 대해 인문주의적 교육을 받고 또 시험을 치른 인물이었습니다. 여러분들이 이홍장[18]의 일기를 읽어 보면, 그만 해도 아직 자신이 시를 짓고 서예에 능하다는 것을 가장 자랑스럽게 생각하고 있음을 알 수 있을 것입니다. 중국 고대를 모범으로 하여 개발된 관습들을 따르는 이 계층은 중국의 전 운명을 결정지었습니다. 그리고 만약 그 당시 우리의 인문주의자들이 중국에서만큼 성공적으로 스스로를 관철시킬 수 있는 가능성을 조금이나마 가졌더라면, 우리의 운명도 중국의 운명과 아마 비슷하게 되었을 것입니다.

세 번째 계층으로는 궁정귀족층을 들 수 있습니다. 군

---

18) 이홍장(1823~1901)은 중국 청 말의 정치가이다.

주들은 귀족층의 신분적 정치권력을 박탈하는 데 성공한 이후, 이 귀족층을 궁정으로 끌어들여 정치적, 그리고 외교적 업무에 활용했습니다. 17세기에 독일의 교육제도가 큰 변화를 겪은 원인 가운데 하나는, 그 당시 인문주의적 교육을 받은 문인들 대신에 궁정귀족적 직업 정치가들이 군주에게 봉사하게 되었다는 데 있습니다.

네 번째 범주는 영국 특유의 현상인 도시문벌층으로서, 이 계층은 소귀족과 도시 금리생활자들로 구성되어 있었고 전문용어로는 〈젠트리〉[19]라고 불렸습니다. 젠트리층은 원래 군주가 남작계급에 대항하기 위해 끌어들인 계층으로서, 그는 이들에게 〈자치정부〉의 관직들에 대한 소유권을 수여했으나, 나중에는 점차 이들에게 의존하게 되었습니다. 이 계층은 자신들의 사회적 권력 확보를 위해 지방행정의 모든 관직을 무보수로 떠맡아 이 관직들을 계

19) gentry. 영국에서 중세 후기에 생긴 중산적(中産的) 토지소유자층. '젠틀맨 계층'이라는 뜻으로, '향신'(鄕紳)이라 번역되기도 한다. 본래는 '가문이 좋은 사람들'이라는 뜻이며, 넓은 의미로는 귀족을 포함한 좋은 가문의 사람들을 지칭해서 쓰이나, 보통은 신분적으로 귀족 아래고, 요먼(봉건사회의 해체기에 출현한 영국의 독립자영농민)의 위 계층으로서 가문의 문장(紋章) 사용이 허용된 사람들을 지칭한다.

속 소유했습니다. 이 계층이 영국을, 다른 모든 유럽 대륙 국가들의 운명이 되었던 관료제화로부터 지켜 주었습니다.

법률가층

다섯 번째 계층은 서양, 특히 유럽 대륙에 특유한 계층으로서 대학교육을 받은 법률가층이었습니다. 이 층은 유럽 대륙의 정치구조 전체에 대해 결정적 중요성을 가지고 있었습니다. 정치구조의 혁명적 변화가 합리적 국가의 발전이라는 방향으로 진행된 곳이면 어디서나 숙련된 법률가들이 이 변화를 주도했는데, 여기서 관료화된 후기 로마제국의 개정 로마법이 가졌던 엄청난 영향력이 가장 여실히 드러납니다. 영국에서도, 비록 여기서는 대규모의 전국적 법률가 조합들이 로마법의 수용을 방해하기는 했지만, 사정은 마찬가지였습니다. 세계의 어느 지역에서도 이와 유사한 사례는 찾아볼 수 없습니다.

인도의 미맘사학파[20]가 가졌던 합리적·법률적 사고의 그 모든 맹아도, 그리고 이슬람교가 성취한 고대 법률적 사고의 그 모든 계승·발전도 결국 신학적 사고형태가 합리적·법률적 사고를 압도해 버리는 과정을 저지하지 못했습니다. 이 문화권에서는 특히 소송절차가 충분히 합리화되지 못했습니다. 소송절차의 합리화는 고대 로마의 법학 — 이것은 도시국가에서 세계제국으로까지 상승한 지극히 독특한 성격의 정치체제의 산물입니다만 — 을 이탈리아의 법률가들이 수용함으로써 비로소 가능해졌던 일입니다. 중세 후기 로마법학자 및 교회법학자들의 〈근대적 적용〉이 그 한 예이며, 법률적·기독교적 사고에서 태어났지만, 후에 세속화된 자연법 이론들 역시 그러한 예에 속합니다. 우리는 이러한 법률적 합리주의의 탁월한 대변자들을 다음과 같은 역사적 사례에서 발견할 수 있습니다. 이탈리아의 시 행정관, 프랑스의 왕실 법률가들, — 이들은 왕권이 봉건영주들의 지배를 타파하는 데 필요로 했던 공식수단을 창출했습니다 — 교회법학자들 및 공

---

20) Mimamsa학파는 인도 6대 철학파의 하나이다. 자이미니 (Jaimini, B. C. 2세기경)에 의해 확립되었으며, 베다 성전(聖典)에 규정된 제사의례의 연구와 실천을 인간 생활의 의무라 생각하고, 베단타학파와 더불어 정통 바라문철학의 중핵(中核)을 이루었다. 그들의 언어철학은 특히 뛰어났다.

회의주의 운동 내의 자연법주의적 신학자들, 대륙 군주들의 궁정 법률가 및 박식한 법관들, 네덜란드의 자연법주의자들과 폭군방벌론자들,[21) 영국의 왕실 법률가 및 의회 법률가들, 프랑스 의회의 법복귀족들,[22) 그리고 끝으로 혁명기의 변호사들이 바로 그러한 사례입니다.

이러한 법률적 합리주의가 없었더라면 절대주의 국가도 탄생하지 못했을 것이며 혁명도 일어날 수 없었을 것입니다. 만약 여러분이 프랑스 의회의 항변서나 또는 16세기부터 혁명의 해인 1789년까지의 프랑스 삼부회[23)의 진

---

21) 16세기 절대왕제 확립기에서 신·구 양파의 종교전쟁과 관련하여 주장된 이론을 말하며, 폭군방벌론자를 '모나르코마키'(*monarchomachi*)라 부른다. 네덜란드의 자연법사상가 J. 알투지우스(1557~1638)는 종교적 성격에서 탈피한 저항권의 이론을 전개하여 자연법에 의한 폭군방벌론을 주장하였다. 즉, 구교와 군주가 결합했을 때, 이 군주는 인민과의 계약을 위배한 폭군이므로 이에 반대하여 방축살해(放逐殺害)하는 것도 정당하다는 사상이 폭군방벌론이다.

22) noblesse de robe. 프랑스의 신흥 시민계급 출신의 귀족층. 법복귀족의 성립은 17세기 이래로 프랑스가 중앙집권국가화하면서 국가가 귀족을 만드는 역할을 수행하게 된 것과 궤를 같이한다. 법복귀족은 봉건귀족에 대해 새로운 관료층을 형성하여 프랑스 절대왕정의 중요한 기반이 되었다.

정서를 통독한다면, 여러분은 어디에서나 법률가 정신을 발견할 것입니다. 그리고 여러분이 프랑스 혁명기의 국민회의 구성원들의 직업소속을 검토한다면, 여러분은, 비록 이 국민회의는 평등선거법에 의해 선출되었음에도 불구하고, 단 한 사람의 프롤레타리아와 극소수의 부르주아 기업가, 그리고는 수많은, 온갖 종류의 법률가들을 발견할 것입니다. 이 법률가들 없이는 그 당시 급진적 지식인들 및 그들의 계획에 생명을 불어넣어 주었던 그런 특유한 정신은 생각할 수도 없었을 것입니다. 프랑스 대혁명 이래 근대적 변호사와 근대적 민주주의는 불가분의 관계가 되었습니다. 그리고 유럽적 의미에서의 변호사 집단, 즉 독립적 신분계층으로서의 변호사 집단도 역시 서양에서만 존재했습니다. 이 집단은 중세 이래 진행된 소송절차 합리화 과정의 영향하에 형식주의적·게르만적 소송절차

---

23) 프랑스의 구제도(舊制度) 아래에서의 신분제(身分制) 의회. 정식 명칭은 '전국삼부회'이다. 1301년 필리프 4세가 소수 특권층인 사제·귀족·도시의 대표를 모아 놓고 노트르담 성당에서 개최한 것이 그 기원이다. 그 뒤 제 1 부 사제, 제 2 부 귀족, 제 3 부 평민의 대표들로 구성된 국민의회로 정형화(定型化)하였다.

의 〈대변자〉로부터 발전했습니다.

정당의 출현 이래 서양 정치에서 변호사가 중요한 위치를 점하게 된 것은 결코 우연한 일이 아닙니다. 정당을 통해 정치를 운영한다는 것은 곧 이익집단들을 통해 정치를 운영한다는 것을 뜻합니다. 이것이 무엇을 의미하는지는 곧 보게 될 것입니다. 그리고 어떤 사안을 이해 당사자인 고객에게 유리하도록 이끌어 가는 것, 이것이 곧 숙련된 변호사의 특기입니다. 이 점에서 변호사는 어떤 〈관료〉보다도 우월합니다. 그리고 적군의 선전[24]이 가진 우월성은 우리에게 이것이 옳다는 점을 가르쳐 주었습니다. 변호사란 논리적으로 취약한, 이런 의미에서 〈좋지 않은〉 사안을, 그럼에도 불구하고 성공적으로, 즉 기술적으로 〈좋게〉 처리하여 승소할 수 있도록 하는 그런 사람입니다. 그리고 변호사들만이 〈강력한〉 논증으로 지지되어야 할 사안, 이런 의미에서 〈좋은〉 사안을 승소로 이끄는, 즉 〈좋게〉 처리할 수 있는 집단입니다. 그에 반해 정치가로서의 관료는 너무나 흔히 기술적으로 〈잘못된〉 처리를 통해 상기한 의미에서 〈좋은〉 사안을 〈좋지 않

―――――――
24) 제1차 세계대전 중 연합군의 선전을 의미하며, 아마도 베버는 여기서 '관료국가'인 독일의 약점을 암시하고 있는 듯하다.

은〉 사안으로 만들어 버립니다. 우리는 이런 경험을 과거에 누차 했습니다. 아무튼 오늘날의 정치는 사실상 상당부분 공개적으로 말과 글을 통해 이루어집니다. 그런데 말과 글의 효과를 신중히 저울질하는 것은 원래 변호사의 가장 고유한 과제이지, 전문 관료의 과제는 아닙니다. 전문 관료는 데마고그(선동가)가 아니며, 또 그의 목적으로 볼 때, 데마고그이어서도 안 됩니다. 만약 그가 그럼에도 불구하고 데마고그가 되고자 시도할 경우, 그는 대체로 매우 형편없는 데마고그가 될 뿐입니다.

관료와 정치가

진정한 관료는 — 그리고 이 점은 독일의 과거 체제를 평가하는 데 결정적으로 중요합니다 — 그의 본래적 사명에 따르면 정치를 해서는 안 되고, 단지 〈행정〉만 하게 되어 있으며, 무엇보다도 **비당파적 자세**로 행정을 해야 합니다. 그리고 이것은 〈국익〉이, 즉 기존 체제의 사활이 걸린 이해관계가 위협받지 않는 한, 이른바 〈정치적〉 행정관료들에게도 적용됩니다. 적어도 공식적으로는 말입니다.

진정한 관료는 〈분노도 편견도 없이〉 그의 직무를 수행해야 하는 것입니다. 다시 말하여 그는 정치가, 지도자 및 그의 추종자들이면 항상 그리고 불가피하게 하지 않을 수 없는 바로 그것, 즉 **투쟁**을 해서는 안 됩니다. 왜냐하면 당파성, 투쟁, 정열 — 분노와 편견 — 등은 정치가의 본령이며, 특히 정치적 **지도자**의 본령이기 때문입니다. **지도자**의 행동은, 관료의 책임과는 전혀 다른, 아니 그와는 정반대되는 성격의 **책임** 원칙을 따릅니다. 관료의 명예는 무엇에 기초하고 있을까요? 그것은 상급 관청이 — 그의 이의 제기에도 불구하고 — 그가 보기에 잘못된 명령을 고수할 경우, 명령자의 책임하에, 마치 이 명령이 그 자신의 신념과 일치하는 듯이 양심적이고 정확하게 이 명령을 수행할 수 있는 능력에 기초하고 있습니다. 관료의 이러한, 가장 지고한 의미에서의 도덕적 자기통제와 자기부정 없이는 조직 전체가 붕괴하고 말 것입니다. 이에 반해 정치적 지도자, 주도적 역할을 하는 정치가의 명예는 자신의 행위에 대해 전적으로 **자기 스스로** 책임을 진다는 것, 바로 그것에 기초하고 있습니다. 그는 이 자기 책임을 거부할 수도, 다른 사람에게 전가할 수도 없으며 또 해서도 안 됩니다. 따라서 도덕적으로 가장 지고한 품성을 가진 관료들이야말로 정치가로서는 부적절하고 무책임한 — 책임 개념의 정치적 의미를 기준으로 볼 때 말입니다만 — 사람들이며, 그리고 이런 의미에서 도덕적으로 낮은 수준의 정치가들입니다. 우리는 유감스럽게도 지금까지 이런 정치가들이 지도적 위치에서 활동하는 것을 되풀이해 경험했습니다. 이것이 바로 우리가 〈관료 지배〉라고 부르는 것입니다. 물론 우리가 이렇게 우리 체제의 정치적 결점 — 성과를 기준으로 평가할 때의 결점 — 을 적나라하게 밝힌다고 해서 이것이 우리 관료층의 명예에 흠을 내는 것은 결코 아닙니다. 아무튼 이제 다시 한 번 정치적 인물들의 유형에 대한 논의로 돌아가기로 합시다.

입헌국가 성립 이래, 그리고 무엇보다도 민주주의가 정착한 이래 서양에서는 〈데마고그〉가 지도적 정치가의 전형이 되었습니다. 〈데마고그〉라는 개념이 부정적 뒷맛을 가지고 있기는 하지만, 우리는 데마고그라는 명칭을 얻은 최초의 인물이 클레온25) 이 아니라 페리클레스였다는 사

---

25) Kleon. 아테네의 정치가·민중지도자. 암피폴리스 출생. 부유한 피혁상(皮革商)의 아들로 태어났다. B.C. 431~430년에 만년(晩年)의 페리클레스를 공격하여 정계에 대두, 페리클레스가 죽은 후 그 뒤를 이어 민주파의 지도자가 되었다.

실을 잊어서는 안 됩니다. 페리클레스는 관직 없이도 또는 유일한 선거직 ─ 고대 민주주의에서 다른 모든 관직들은 추첨으로 충원되었습니다만 ─ 인 최고사령관으로서 아테네 시민의 최고 의결기구인 민회를 이끌었습니다. 그런데 오늘날의 대중선동술은 물론 연설이라는 수단도 이용하지만 ─ 그것도, 요즘 입후보자들이 해야 하는 선거연설의 수를 보면, 양적으로 엄청나게 많이 이용하지만 ─, 그러나 그보다는 더 지속적 영향력을 행사하는 수단으로 인쇄된 글을 이용합니다. 그래서 정치평론가와 누구보다 **저널리스트**가 오늘날 데마고그적 유형의 가장 중요한 대표자입니다.

저널리스트

이 강연의 범위 내에서 근대 정치 저널리즘의 사회학에 대해 개괄하는 것은 불가능하며, 이 주제는 모든 면에서 하나의 독립적 주제로 따로 다루어져야 할 것입니다. 그러나 몇 가지 점만은 여기서 반드시 언급하고자 합니다. 우선 저널리스트를 포함한 모든 데마고그는 사회계층적으로 어떤 확고한 소속을 가지고 있지 못합니다. 이것은 변호사와 예술가에게도 해당합니다. 물론 변호사의 경우 영국 및 과거의 프러시아 변호사들보다는 주로 유럽 대륙 변호사들에 해당합니다만. 아무튼 저널리스트는 일종의 아웃사이더 계층에 속하며, 〈사회〉가 이 계층에 대해 내리는 사회적 평가는 항상 이 계층의 윤리적으로 열등한 대표자들을 기준으로 내려집니다. 그래서 저널리스트 및 이들의 일에 대해서 온갖 이상야릇한 생각들이 퍼져 있는 것입니다. 그러나 진정으로 **훌륭한** 저널리스트적 업적은 어떤 학문적 업적 못지않게 〈재능〉을 필요로 한다는 것은 그리 잘 알려져 있지 않습니다. 특히 저널리스트의 기사는 지시에 따라 즉시 작성되어야만 하며, 또 즉시 **영향력을 발휘해야만** 하기 때문에 재능이 요구되는 것입니다. 그것도 학자와는 전혀 다른 집필의 조건하에서 말입니다. 저널리스트의 책임은 학자의 책임보다 훨씬 더 크며 모든 성실한 저널리스트의 **책임감** 역시 평균적으로는 학자의 책임감보다 낮은 것이 아니라 오히려 더 높다는 사실 — 이번 전쟁이 이것을 우리에게 보여 주었습니다 — 은 거의 전혀 인정받지 못하고 있습니다. 늘 그러하듯이, 그 이유는 바로 **무책임한** 저널리스트들의 행동이, 그 결과가 끔찍한 경우가 허다하므로, 사람들의 뇌리에 계속 남아 있기 때문입니다. 끝으로 유능한 저널리스트는 평균적으로 다른 사람들보다 비밀을 더 잘 지킨다는 것은 아무도 믿어 주지 않습니다. 그러나 사실은 그러합니다. 저널리스트라는 직업에 수반되는, 다른 직업과는 비교할 수 없으리만큼 강력한 유혹들 및 현재의 저널리스트적 활동의 제반 조건들을 접하는 일반 대중은 언론을 경멸과 동시에 가련한 비겁함이 뒤섞인 감정으로 바라보게 되었습니다. 이런 상황의 개선을 위해 무엇을 해야 할지에 대해서는 오늘 이야기할 수가 없습니다. 여기서 우리의 관심사는 저널리스트라는 직업이 가진 **정치적** 직업으로서의 장래, 즉 이들이 정치적 지도자의 지위에 오를 수 있는 기회라는 문제입니다. 지금까지는 사회민주당에서만 이런 유리한 기회가 주어졌습니다. 그러나 사회민주당 내에서 언론 편집자의 지위란 대부분 관료적 성격을 지니고 있었습니다. 하지만 이런 관료적 성격의 편집자 지위는 **지도자** 지위의 토대가 될 수는 없었습니다.

전반적으로 볼 때, 부르주아 정당들에서는 저널리스트가 이런 경로로 정치적 권력 지위에 오를 수 있는 가능성이 전 세대에 비해 오히려 줄어들었습니다. 물론, 모든 중요한 정치가는 언론을 통한 영향력을 필요로 했고 따라서 언론과의 좋은 관계가 필요했습니다. 그러나 정당 **지도자**가 언론계에서 배출된 경우는 ― 뜻밖의 사실이지만 ― 오히려 매우 예외적이었습니다. 그 이유는 저널리스트들이 그전보다 훨씬 더 〈여유가 없게〉[26] 되었기 때문입니다. 특히 재산이 없고 따라서 직장에 예속된 저널리스트가 그러합니다. 이렇게 여유가 없어진 것은 저널리스트적 활동의 강도와 시사성(時事性)이 엄청나게 증대한 데서 오는 것입니다. 매일 또는 매주 기사를 써야만 생계를 유지할 수 있다는 것은 정치가에게는 큰 짐입니다. 그리고 나는 지도자적 자질을 갖춘 인물들이 이런 언론활동으로 인해 권력상승 과정에서 외적으로, 그리고 특히 내적으로 완전히 마비되어 버리는 경우들을 보아왔습니다. 아무튼 구체제하에서 언론이 국가와 정당의 지배권력과 맺은 관계가 저널리즘의 수준에 엄청난 해를 끼쳤다는 것은 별도로 다루어야 할 또 하나의 주제입니다. 이 점에서 우리의 적국들[27]의 사정은 달랐습니다. 그러나 이 나라들에서도 그리

---

26) 'Unabkömmlichkeit'의 역어. 베버는 이 용어를 본업에 얽매여 다른 일을 할 여유를 가지지 못하는 상황을 서술하는 데 사용하고 있다.

27) 제 1 차 세계대전 당시의 연합군 국가들.

고 어떤 다른 근대국가에서도 저널리스트적 노동자는 점점 정치적 영향력을 잃어 가는 데 반해 자본주의적 언론재벌 — 가령 노스클리프 경[28] 같은 부류 — 의 정치적 영향력은 점점 더 증대하고 있음은 사실이라고 생각합니다.

그런데 독일의 경우, 특히 이른바 〈게네랄 안짜이거〉라고 불리는 〈소형 광고〉 위주의 신문들을 장악한 자본주의적 신문재벌들은 지금까지 대부분 정치적 무관심을 조장하는 대표적 조직이었습니다. 왜냐하면 독자적 정책을 펴서는 아무런 이득을 볼 수가 없었으며, 특히 사업에 유익할 정치적 지배권력의 호의를 얻어 낼 수도 없었기 때문입니다. 그런데 정치가들은 전시 동안 광고사업을 이용해 언론에 대규모로 정치적 영향력을 행사하려고 시도했으며 지금도 이 시도를 계속하려고 하는 듯이 보입니다. 대언론사들은 아마도 이런 압력을 거부할 수도 있겠지만, 소규모 신문사들은 형편이 훨씬 더 어렵습니다. 아무튼 독일의 경우 현재로서는 저널리스트 경력은 비록 매우 매력적이고 영향력 행사의 가능성을 가지고 있고, 특히 정

---

28) A. C. W. Harmsworth(1865~1922, Viscount Northcliffe). 다수의 유력 신문과 잡지(예컨대 *Daily Mail*, *Times* 등)를 지배한 영국의 언론재벌.

치적 책임을 수반하는 것이기는 하지만, 정치적 지도자로 상승하기 위한 정상적 경로는 아닙니다. 물론 이제 더 이상 그런 경로가 아닌지, 아니면 아직은 그런 경로가 아닌지 여부는 좀더 두고 봐야 할 일이긴 하지만 말입니다. 전부는 아니지만, 다수의 저널리스트들이 익명 원칙의 포기를 지지하고 있습니다만, 이것이 위의 상황에 어떤 변화를 가져올지는 말하기가 어렵습니다.

아무튼 전시 중에 독일 신문들은 문재(文才)가 있는 인물들을 특별히 고용하여 이들로 하여금 신문을 〈경영〉하게 했으며, 이들은 항상 기명으로 기사를 썼습니다. 여기서 우리가 경험한 바에 의하면, 몇몇 잘 알려진 경우들이 보여 주듯이, 유감스럽게도 이런 방식으로는 언론의 책임감이 우리가 기대했던 만큼 그렇게 확실히 또 더 많이 배양되지는 **않습니다.** 그러나 바로 일부 저질 대중지로 악명 높은 신문들이 — 당파와는 상관없이 — 이런 방법을 통해 판매고를 올리려고 했고 또 실지로 이에 성공했습니다. 이 과정에서 해당 사주들, 출판인들 및 선정적 저널리스트들이 재산을 모으기야 했겠지만, 분명히 명예를 얻지는 못했습니다. 물론 내가 지금 전시에 실시된 상기한 원칙 그 자체를 반대하고 있는 것은 아닙니다. 이 문제는 매우 복합적이며, 또한 저질 대중지와 관련된 현상이 일반적인 것도 아닙니다. 그러나 **지금까지는** 위의 방법이 진정한 지도자층을 키우거나 **책임 있는** 정치운영에 이르는 길은 아니었습니다. 앞으로 상황이 어떻게 변할지는 두고 보아야 할 것입니다.

그러나 어떤 상황에서든 아직도 저널리스트로서의 경력은 직업적 정치활동에 이르는 가장 중요한 길 중의 하나로 남아 있습니다. 물론 이 길은 아무나 갈 수 있는 길은 아닙니다. 나약한 성격의 소유자, 특히 잘 보장된 신분적 지위에서만 내적 균형을 유지할 수 있는 그런 사람에게는 이 길은 가장 부적합합니다. 비록 젊은 학자의 삶이 요행에 좌우되기는 하지만, 그래도 그의 주변에는 확고한 신분적 관습들이 구축되어 있으며 이것들이 그를 탈선으로부터 보호해 줍니다. 그러나 저널리스트의 삶은 모든 면에서 요행 그 자체입니다. 그리고 그의 삶은, 다른 어떤 직업에서도 찾기 힘든 방식으로 그의 내적 자부심을 시험하는 그런 조건들에 기반하고 있습니다. 그는 직업생활에서 자주 쓰라린 경험들을 하지만, 이것이 그의 가장 심각한 문제는 아닙니다. 특히 성공한 저널리스트일수록 매우 힘든 내적 요구들에 직면하게 됩니다. 예컨대 그는 전 세계의 유력자들의 살롱에서 외관상 그들과 대등한 입장에서, 그리고 흔히 모두에게서 아부를 받으며 — 왜냐하면 모두들 기자를 두려워하니까요 — 그들과 교제합니다. 그러면서도 그는 동시에, 자기가 방을 나가기가 무섭게 살롱 주인은 손님들에게 자신이 〈신문기자 나부랭이들〉과 교제하는 것을 특별히 변명해야만 한다는 것을 빤히 알고 있습니다. 이런 것을 내적으로 견뎌 내는 것은 결코 쉬운 일이 아닙니다. 이에 못지않게, 아니 이보다 더 힘든 일은, 〈시장〉이 그때그때 요구하는 모든 것에 대해서, 그리고 생활상의 모든 문제에 대해서 신속하고도 설득력 있게 자기입장을 피력해야 하고, 그러면서도 볼품없이 천박해서는 안 되며, 무엇보다도 자기 약점의 노출이 주는 체면손상과 이것의 냉혹한 결과들을 피할 수 있어야 한다는 것입니다. 이렇게 볼 때, 인간적으로 탈선하고 쓸모없이 되어 버린 저널리스트들이 많다는 것이 놀라운 일이 아니라, 오히려 놀라운 일은 위에서 서술한 모든 상황들에도 불구하고 바로 이 계층에야말로 탁월하고 참으로 순수한 사람들이, 국외자들은 쉽게 짐작하기 어려울 만큼, 많이 있다는 사실입니다.

04 근대적 정당과 직업 정치가

근대 정당의 형성과정

직업 정치가의 한 유형인 저널리스트는 이미 상당히 오랜 전통을 가진 반면에, **정당관료**라는 인물은 불과 지난 몇 십 년간 그리고 부분적으로는 지난 몇 년간의 발전과정에서 비로소 나타났습니다. 이 인물유형의 발전사적 위상을 이해하기 위해서는 정당제도와 정당조직의 문제를 먼저 고찰해야만 합니다.

정치체제가 그 범위와 업무영역 면에서 소규모 시골 행정구역의 단계를 벗어나서 어느 정도의 규모를 갖추게 되고 또한 통치자를 정기적 선거를 통해 선출하는 단계에 오면, 이제 정치조직은 정치적 **이해관계자들의 조직**이 될 수밖에 없습니다. 다시 말하여, 이제 정치활동에 관심을 가지고 정치권력에 참여하고자 하는 비교적 소수의 사람들은 자유로운 모집활동을 통해 추종자를 확보하고, 선거에 스스로 후보로 나서거나 아니면 자신의 수하 인사들을 후보로 내세우고, 자금을 모으고 득표활동에 나서게 됩니다. 대규모 공동체에서 이런 운영조직 없이 선거가 적절히 치러질 수 있으리라고는 생각할 수 없습니다. 물론 현실적 관점에서 볼 때 이런 운영조직은 유권자인 국민을 정치적으로 적극적 계층과 정치적으로 소극적인 계층으로 분할시키게 됩니다. 그런데 정치적 참여의 이러한 차이는 자발성을 기초로 하고 있기 때문에, 이 차이는, 선거의무제 또는 〈직능대표제〉 등과 같은 어떤 조치로도 제거될 수 없으며, 또한 이 차이상황을 극복하고 직업 정치가에 의한 지배를 극복하고자 하는 어떤 명시적 또는 묵시적 입법제의에 의해서도 제거될 수 없습니다.

지도자와 그 추종자는 모든 정당이 필수적으로 갖추어야 할 기본요소입니다. 이들은 적극적이고 자유로운 모집활동을 통해 지지자들을 확보하고 이 지지자들을 통해 지도자의 당선에 필요한 소극적 유권자들을 확보합니다. 그러나 정당의 구조는 다양합니다. 예컨대 교황당과 황제당[29] 같은 중세 도시의 〈정당들〉은 순수하게 개인적 추종자 집단으로 구성되어 있습니다. 교황당의 규약집을 보면, 귀족층의 재산 몰수 — 귀족층은 원래 기사 계층으로서 봉토를 수임받을 자격을 가진 모든 가문들이 이에 속했습니다 — 이들의 관직 및 투표권 박탈, 범지역적 당 위원회, 엄격한 군사적 조직 및 이 조직의 밀고자 포상제 등에 대한 규약들을 발견할 수 있는데, 이런 것들은 우리에게 볼셰비즘과 그 소비에트[30]를 연상시킵니다. 왜냐하면 여

---

29) Guelfen과 Ghibellinen. '겔프당'(교황당)과 '기벨린당'(황제당)은 중세 말기 격화되었던 로마 교황과 신성로마제국의 대립에서 각각 교황과 황제를 지지하면서 대립한 당파들이다. 교황당에는 주로, 독일 황제의 이탈리아 지배정책에 대항하던 이탈리아 자치도시들(피렌체, 베네치아 등)의 도시 시민계급이 속했으며, 황제당에는 시민계급에 적대적이던 귀족층이 속했다. 이 갈등은 결국에는 황제당의 승리로 종결되었다.

30) Sowjet. 원래 '소비에트'라는 말은 평의회·대표자 회의를 의미하는 러시아어였지만, 러시아 혁명 때에 자연발생적으로 노동자·군대·농민 대의원 소비에트가 형성된 후로부터 특수한 의미를 가지게 되었고, 러시아 혁명 후에는 프롤레타리아 독재정권의 권력기관 또는 권력형태를 총칭하는 용어로 정착하게 되었다.

기서도 우리는 엄격한 선발을 거친 군사조직 및 — 특히 러시아의 경우 — 첩자조직을 발견할 수 있으며, 또한 〈부르주아〉, 즉 기업가, 상인, 금리생활자, 성직자, 왕실의 자손들, 경찰 정보원 등의 무장해제와 정치적 권리의 박탈, 그리고 재산몰수 등을 발견할 수 있기 때문입니다. 한편 귀족층을 박해한 위의 중세 교황당(시민계급당)의 군사조직은 호적에 따라 구성된 순수한 기사군대였는데, 이 군대의 거의 모든 중요한 직위는 오히려 귀족이 차지했습니다. 다른 한편, 소비에트 역시 높은 보수를 받는 기업가, 성과급 제도, 테일러 시스템, 군대와 공장의 규율 등을 그대로 유지하거나 아니면 다시 도입하고 외국 자본을 찾아 나섰습니다. 이들은 한마디로, 국가와 경제가 그 기능을 유지하도록 하기 위해서는, 자신들이 부르주아 계급제도들이라고 타도했던 모든 것을 예외 없이 다시 수용할 수밖에 없었으며 거기다 구 오크라나[31]의 요원들을 국가권력의 주된 수단으로 다시 가동시키기까지 했습니다. 이렇게 볼 때 중세 정당과 볼셰비즘의 유사성은 더욱더 커집니다. 그러나 오늘 우리의 주제는 그러한 강압조

---

31) Ochrana. 차르 시대의 비밀경찰.

직들이 아니라 직업 정치가들인데, 이들은 정당을 통한 냉철하고 〈평화적〉 유세 활동에 의거하여 유권자 시장에서 권력을 쟁취하고자 하는 사람들입니다.

우선 지적할 점은, 지금 우리가 쓰는 통상적 의미에서의 정당도 처음에는 순전히 귀족의 추종자 집단에 불과했다는 점입니다. 영국이 그 좋은 예입니다. 어느 상급귀족이 어떤 이유에서든 당을 바꿀 경우 그의 수하에 있던 모든 사람들도 그와 함께 새 당으로 넘어갔습니다. 국왕을 포함하여 귀족층의 대가문들은 1832년의 선거법 개정 이전까지만 해도 엄청난 숫자의 선거구들을 관장하고 있었습니다. 이러한 귀족 정당과 유사한 것이 부르주아 계층의 권력이 상승하면서 곳곳에서 발전한 명망가 정당들입니다. 그리고 서양의 전형적 지식인층이 정신적으로 지도하고 있던, 〈교양과 재산〉을 갖춘 집단들은 때로는 계급 이해에 따라, 때로는 가족 전통에 따라, 때로는 순전히 이데올로기적 이유에서 여러 가지 다양한 정당으로 갈라져서 이 당들을 주도했습니다. 성직자, 교사, 교수, 변호사, 의사, 약사, 부농, 공장주 — 영국의 경우 스스로를 젠틀맨이라고 간주한 전 계층이라고 할 수 있습니다 — 등은 처음에는 임시조직, 그리고 잘해야 지역적 정치클럽을 만들었을 뿐입니다. 시국이 불안정한 시기에는 소시민 계층이 자기 목소리를 내기도 했고 간혹은 프롤레타리아도, 만약 이들에게 지도자가 나타났을 경우, 그랬습니다. 물론 이 지도자들이 프롤레타리아 출신인 경우는 거의 없었지만 말입니다. 이 단계에서는, 범지역적으로 조직된 영속 단체로서의 정당은 지방에는 아직 전혀 없었습니다. 단지 의회의원들만이 결속을 유지하고 있었을 뿐입니다. 그도 그럴 것이 의원후보 선출에는 지역 명망가들이 결정적 역할을 했기 때문입니다. 선거 강령은 후보들의 유세 구호들에서 나오기도 하고, 명망가 집회 또는 의회소속 정당들의 결의에서 나오기도 했습니다. 정치클럽의 운영은 부업으로 또는 명예직으로 수행되는 임시직일 뿐이었습니다. 그리고 클럽이 없는 곳에서는 (대다수 지역이 그랬습니다만) 평상시의 경우 정치에 지속적으로 관심을 가지는 소수의 사람들이 부업 또는 명예직으로 전혀 격식 없이 정치활동을 했습니다. 저널리스트가 유일한 유급 직업 정치가였고, 신문사가 유일한 지속적 정치조직이었습니다. 그 외에는 회기 중의 의회가 있었을 뿐입니다. 의원들과 의회 정당 지도자들은 특정한 정치적 운동이 필요하다고 판단될 때 지역 명망가 중 누구에게 지원을 요청해야 할지는 알고 있었습니다. 그러나 이런 운동을 수행할 수 있을 지속적 정당조직들은 대도시에만 있었으며, 이들은 불충분한 회비수입을 가지고 정기적 집회 및 공개 의원 보고회 등을 개최하였습니다. 그리고 정당은 단지 선거 기간 동안만 활성화될 뿐이었습니다.

그런데 시간이 지남에 따라 의회 의원들은 점차 지역 간의 선거타협의 가능성, 전국의 광범위한 계층이 승인하는 통일된 강령, 전국적으로 통일된 선전활동의 효력 등에 관심을 가지게 되었는데, 이것이 정당통합을 가속화시키는 추진력이 되었습니다. 이렇게 하여 전국적으로 중소 도시에 이르기까지 당 지부조직들의 연결망이 형성되고, 또한 중앙당 사무국 간부인 소속당 국회의원과 지속적 연락관계에 있는 〈파견관들〉의 전국 연결망이 형성되기는 하였지만, 그러나 명망가들의 단체라는 당 기구의 성격은 근본적으로 변화하지 않고 여전히 남아 있었습니다. 이를테면 중앙당 사무국을 제외하면 유급 당 관료는 아직 없었습니다. 그리고 지역 당 조직을 운영하는 사람들은 모두 〈명망 있는〉 인사들로서, 이들은 평소에 누리는 좋은 평판 때문에 이 역할을 맡게 된 사람들이었습니다. 이들은 의회 밖의 〈명망가들〉로서, 의회에 들어간 의원들로 구성된 정치적 명망가층과 나란히 영향력을 행사했습니다. 그러나 언론과 지역 모임에 지적 자양분을 공급하는 역할은 점차 당이 발간하는 당보에서 담당하게 되었습니다. 또한 당원들의 정기적 당비납부도 불가결하게 되었습니다. 당비수입의 작은 부분이 당 본부의 운영비용으로 쓰였습니다. 얼마 전까지만 해도 대부분의 독일 정당조직들은 이런 단계에 처해 있었습니다. 그런데 프랑스의 경우에는 부분적으로 이보다 더 초기단계가 지배하고 있었습니다. 여기서는 국회의원들의 결속은 아직 매우 불안정했고 지방에서는 소수의 지역 명망가들이 지배하고 있었으며, 강령은 후보자 자신이 작성하거나 아니면 그의 후원자가 개개 후보 지원자에게 제공해 주었습니다. 비록 이 강령들이 의원들의 결의와 프로그램에 다소간 의존하고 있기는 했지만 말입니다. 이런 체제는 부분적으로만 균열을 보였을 뿐, 그대로 지속되었습니다. 가령 정치를 주업으로 하는 직업 정치가의 수는 아직 매우 적었고, 이에 속하는 주된 부류로는 선출된 의원들, 당 본부의 몇 안 되는 사무원들, 저널리스트들, 그 외에 ─ 프랑스의 경우 ─ 〈정치적 관직〉을 가지고 있거나 아니면 이것을 지향하는 관직 사냥꾼 등을 들 수 있습니다. 즉, 외형상 정치는 대부분 부업에 불과했습니다. 그리고 〈장관 자격이 있는〉 의원의 수도 매우 제한되어 있었을 뿐 아니라, 의원직이 가진 명망가적 성격 때문에 선거 입후보자의 수도 매우 제한되어 있었습니다.

그에 반해 정치운영에 간접적 이해관계, 특히 물질적 이해관계를 가진 사람들은 매우 많았습니다. 왜냐하면 정부 부처의 모든 시책과 특히 인사조치는 이 조치들이 선거에 미칠 영향을 고려하여 취해졌으며, 따라서 사람들은 지역 출신 의원의 중재를 통해 온갖 종류의 민원을 관철시키려고 시도했기 때문입니다. 그리고 장관은, 만약 그가 지역구 의원과 동일한 다수당 소속이라면, 이 의원의 청탁을 싫든 좋든 고려하지 않을 수 없었습니다. 하긴 이런 이유에서 모두들 다수당에 속하려고 했던 것입니다만. 개개 지역구 의원은 관직 인사권을 가지고 있었으며, 더 나아가 자기 선거구의 모든 사안에 대해 온갖 종류의 결정권을 소유하고 있었습니다. 또한 그는 그 나름대로 재선을 위해 지역 명망가들과 연계를 맺고 있었습니다.

현대의 정당구조와 직업 정치가

명망가 집단, 그중에서도 특히 의회소속 명망가 집단이
지배하는 이러한 목가적 상황과는 날카로운 대조를 이루
는 것이 가장 최근의 정당조직 형태입니다. 이것은 민주
주의, 보통선거제, 대중동원 및 대중조직의 필요성, 그리
고 지도부의 고도의 통일성과 매우 엄격한 규율의 발전 등
이 낳은 결과입니다. 명망가의 지배와 의원들의 주도적
역할은 막을 내렸습니다. 이제는 의회 밖에 있는 〈직업〉
정치가들이 정당조직을 손에 넣습니다. 이들은 ― 미국
정당의 보스나 영국의 〈선거 간사〉가 사실상 그랬던 것과
같이 ― 〈기업가〉일 수도, 아니면 고정 급료를 받는 관료
일 수도 있습니다. 형식적으로는 광범위한 민주화가 진행
됩니다. 최종적 강령을 만드는 것은 이제 더 이상 의회 내
원내교섭단체가 아니며, 지역 명망가들도 이제 더 이상
후보지명권을 가지고 있지 못합니다. 후보는 이제 조직된
당원대회가 선출하고 이 대회에서 상급대회에 보낼 대의
원들을 선정합니다. 이런 심급별 대회는 일반 〈전당대
회〉에 이르기까지 여러 개가 있을 수 있습니다. 그러나
물론 실질적으로 권력을 장악한 사람들은 조직 내에서 지

속적으로 당무를 수행하는 자들이거나 또는, 예컨대 강력한 정치적 이익집단(가령 태머니홀[32])의 후원자나 지도자 등과 같이 당 조직이 재정적으로나 인적으로 의존하는 자들입니다. 결정적으로 중요한 것은, 이러한 인적 기구 전체가, ─영미권에서 이것을 〈기계〉라고 부르고 있음은 주목할 만한 일입니다─더 정확히는 이 기구를 주도적으로 운영하는 자들이, 의원들을 견제하고 그들에게 자신들의 의지를 거의 대부분 강요할 수 있다는 사실입니다. 게다가 이 사실은 특히 정당의 지도자를 선발하는 데 중요한 의미를 갖습니다. 이제 이 기계를 장악하는 사람이 지도자가 되는 것이며 이것은 의회의 의사와는 상관없이도 가능한 일입니다. 이러한 기계의 창출은, 달리 표현하면, 국민투표제[33] 민주주의의 도래를 의미합니다.

---

32) Tammany Hall. 뉴욕 시정(市政)을 지배하던 부패한 보스 기구의 속칭.

33) 국민투표제는 국정의 중요한 문제에 관하여 국민이 직접 결정하는 직접 민주주의적 제도로서 간접 민주주의적 대의정치의 결함을 보완하는 장치이다. 그러나 국민투표제가, 나폴레옹이나 A. 히틀러의 예에서 보듯이, 집권자의 전제(專制)를 합리화하기 위한 수단으로 악용되기도 했음은 잘 알려진 사실이다.

당의 추종자, 특히 당 관료 및 당 기업가는 당연히 그들의 지도자가 승리하면 개인적 보상이 돌아올 것이라고 기대합니다. 그것은 관직일 수도 있고 또는 다른 이권일 수도 있습니다. 추종자들이 개별 의원들로부터가 아니라, 또는 이들로부터 뿐만이 아니라, 바로 지도자로부터 이런 보상을 기대한다는 것이 매우 중요한 점입니다. 이들은 무엇보다도 지도자의 **개성**이 선거전에서 데마고그적 영향을 발휘하여 당에게는 표와 의석, 즉 권력을 가져다주고, 그러함으로써 그의 지지자들에게는 더 많은 보상의 기회를 가져다줄 것으로 기대합니다. 그리고 평범한 사람들로 구성된 당이 가진 추상적 강령만을 위해서가 아니라 한 인간에 대한 절대적 개인적 헌신에서 일을 한다는 사실은 이들에게 이념적 보상을 제공해 주며 — 이것은 모든 지도력이 가진 〈카리스마적〉 요소입니다 — 이러한 이념적 보상은 추종자들의 중요한 행위동기 중 하나입니다.

이러한 정당체제는 영향력을 유지하려는 지역 명망가들 및 의회의원들과 계속 잠재적 갈등을 겪으면서도 결국 관철되었습니다. 물론 그 관철의 정도는 다양하지만 말입니다. 부르주아 정당의 경우에는 미국에서 처음으로, 그리고 사회민주당의 경우에는 특히 독일에서 이런 과정이 진행되었습니다. 그러나 이 체제는, 만약 널리 인정받는 지도자가 나타나지 않으면, 그 순간부터 끊임없는 반격을 받았고, 또 설사 지도자가 있다고 하더라도, 당 명망가들의 허영심과 이해관계에 대해 온갖 종류의 양보를 하지 않을 수 없었습니다. 그러나 무엇보다도 이 기계 자체가 일상적 당무를 관장하는 당 **관료들**의 수중에 들어갈 수도 있었습니다. 많은 사회민주당 인사들의 견해에 의하면, 사회민주당은 바로 이러한 〈관료제화〉에 **빠져** 버렸습니다. 그러나 다른 한편으로 당 〈관료들〉은 강한 데마고그적 능력을 가진 지도자에게는 비교적 쉽게 순응하는데, 그것은 그들의 물질적 그리고 이념적 이해관계가 이 지도자를 통해 확보할 수 있을 당 권력과 밀접히 연관되어 있기 때문이며, 그리고 한 지도자를 위해서 일한다는 것은 그것 자체로서 내적으로 더 큰 만족감을 주기 때문입니다. 지도자의 출현이 이보다 훨씬 더 어려운 경우는 ― 대부분의 부르주아 정당들의 경우와 같이 ― 당 관료들과 나란히 〈명망가들〉이 당에 대한 영향력을 장악하는 경우입니다. 왜냐하면 이 명망가들은 자신들이 맡고 있는 조그만 이사직 또는 위원회 위원직에서 **이념적으로** 〈삶의 보람〉을 찾고 있기 때문입니다. 명망가의 행동을 결정하는 것은 풋내

기인 데마고그에 대한 반감, 자신들의 정당 정책적 〈경험〉의 우월성에 대한 확신 — 이런 경험은 실제로 상당히 중요합니다만 — 그리고 옛 전통들의 붕괴에 대한 이데올로기적 우려 등입니다. 그리고 당내에서 모든 전통주의적 집단은 그들을 지원합니다. 특히 농촌지역의 유권자가 그렇지만, 그러나 소시민층 유권자도 예로부터 친숙한 명망가의 이름을 신뢰하지 자신에게 낯선 사람은 불신합니다. 그러나 이런 유권자들도, **만약** 이 무명의 인사가 일단 한번 성공을 거두고 나면, 그를 그 어느 누구보다도 확고하게 지지합니다.

이제 몇 가지 중요한 예를 중심으로 상기한 두 가지 구조형태 간의 갈등과 특히 오스트로고르스키[34] 가 서술한 국민투표적 형태의 발흥을 살펴보도록 합시다.

---

34) Moisei Yakovlevich Ostrogorskii(1854~1919). 특히 미국의 정당조직을 연구, 1902년 《민주주의와 정당조직》(2권) 을 발표하였는데, 이 책의 하권은 후에 보정(補正) 되어 《민주주의와 미국의 정당제도》라는 제명으로 출판되었다. 그는 풍부한 역사적 자료를 이용, 헌법 이외에 정당이 미국의 정치를 지배·운용하고 있는 사실을 자세하게 분석하고, 금력에 의한 정치의 부패형태를 밝혔다.

영국 사례

우선 영국의 경우입니다. 여기서 정당조직은 1868년까지
만 해도 거의 순전히 명망가 조직이었습니다. 가령 농촌
지역에서 토리당의 지지기반은 영국 국교회[35] 목사, 그
외에 대부분의 교사 그리고 무엇보다도 그 지역의 대지주
들이었습니다. 휘그당의 지지기반은 주로 비국교회 목사
(실제로는 드물었지만), 우체국 지국장 그리고 대장장이,
재봉사, 밧줄공 등과 같은 수공업자들이었는데, 이들은
여러 사람들과 잡담할 기회가 가장 많은 층이고, 그렇기
때문에 일정한 정치적 영향력을 가질 수 있는 사람들이었
습니다. 도시의 경우 이 양당은 경제적 또는 종교적 성향,
또는 단순히 가문의 전수된 성향에 따라 지지자를 달리했
습니다. 그러나 여기서도 명망가들이 정치운영의 주체였

---

35) 16세기 영국에서 종교개혁의 결과 성립된 교회. 영국교회·
영국성공회·잉글랜드교회라고도 한다. 헨리 8세는 왕비와
의 이혼문제로 로마교황과 대립한 사실을 계기로, 1534년
〈국왕지상법〉(國王至上法)에 의하여 영국의 교회를 로마로
부터 이탈하게 한 뒤 스스로 그 최고 우두머리가 되었으며,
영국에서 보편적인 교회의 조직을 〈국법에 의해 확립된 잉글
랜드의 교회〉로 개편했다.

습니다. 이런 토대 위에 의회와 정당 및 정당 소속 내각과 〈리더〉가 있었는데, 리더는 내각의 수반이거나 야당의 당수이었습니다. 이 리더는 정당조직에서 가장 중요한 직업 정치인인 〈원내총무〉를 측근으로 거느리고 있었습니다. 원내총무는 관직임면권을 장악하고 있었으며, 따라서 관직 사냥꾼들은 그와 상담해야만 했습니다. 그러면 그는 이 문제에 대해 각 선거구 출신 의원들과 의논했습니다. 그런데 이러한 지역 선거구들에서 서서히 직업 정치가 층이 발전하기 시작했는데, 그 출발점은 지역 대리인으로 고용된 사람들이었습니다, 이들은 처음에는 무보수로 일했고 그 지위는 독일 정당의 〈지역 담당자들〉과 거의 비슷합니다. 그러나 이들 이외에도 각 선거구에서는 자본주의적 기업가 유형이 발전했는데, 〈선거 대리인〉이 바로 그것입니다. 이 유형은 공명선거를 보장하는 영국의 근대 입법체제에서는 불가피한 존재였습니다. 즉, 영국의 입법체제는 선거비용을 규제하고 돈의 힘을 제한하려는 목적으로 후보들에게 선거비용 신고의무를 부과했습니다. 왜냐하면 후보들은 — 독일에서도 예전에는 그랬지만, 독일보다 더 심한 정도로 — 목소리만 혹사시키는 것이 아니라 돈 주머니도 풀어야 했기 때문입니다. 상기한 선거대리인은 후보로부터 비용총액을 일괄하여 받았으며 이 과정에서 그는 보통 많은 이윤을 남겼습니다. 의회와 지방에서 〈리더〉와 당 명망가 간의 권력배분을 보면 영국의 경우 리더가 예로부터 매우 중요한 위치를 차지하고 있었음을 알 수 있습니다. 이것은 중요한 정책의 안정적 수행을 가능하게 하기 위해서는 불가피한 일이었습니다. 그러나 의원과 당 명망가들의 영향력도 여전히 상당했습니다.

구 정당조직은 그런 모습이었습니다. 즉, 그것은 반은 아직 명망가의 조직이고, 반은 이미 유급 사무원을 둔 기업조직이었습니다. 그러나 1868년 이후 버밍햄의 지방선거에서 시작하여 곧 전국적으로 〈코커스〉36) 제도라는 것이 발전했습니다. 한 비국교회파 목사와 함께 조세프 챔버린37)이 이 제도를 창시했으며, 그 계기는 선거법의 민주화였습니다. 즉, 대중의 지지를 얻기 위해서는 민주적

---

36) Caucus. 정당의 간부진이 선거후보자의 지명 또는 주요 정책 결정을 위해 소집하는 '비공식 간부회의'를 뜻한다.

37) Joseph Austen Chamberlain (1863~1937). 보수적 자유주의자로서 원래 자유당 의원이었으나 글래드스톤의 아일랜드 자치법안에 반대하여 자유당을 탈당하고 자유통일당을 결성하였다. 그러나 이 당은 1912년 영국 보수당에 흡수되었다.

이라는 외양을 갖춘 조직들로 구성된 엄청난 규모의 기구를 창설해야만 했으며, 도시 각 구역마다 선거 사무소를 설치하고, 이런 조직을 중단 없이 가동하며 모든 것을 엄격히 관료제화하는 것이 불가피해졌습니다. 그래서 유급 고용직 관료가 증대했으며 지역 선거위원회에서 선출된 호선권을 가진 지부장들이 점차 당 정책의 공식적 담당자가 되어 갔습니다. 그리고 이런 위원회들은 단기간 내에 전체 유권자의 10퍼센트를 조직화하였습니다. 이 과정의 추진세력은 특히 지방 자치체의 정책 — 이것은 어디서나 가장 풍성한 물질적 이권기회의 원천이었습니다만 — 에 관심을 가진 지역인사들이었는데, 이들이 주로 재정수단도 조달했습니다. 이렇게 새로이 출현하는, 더 이상 의회의 지도를 받지 않는 기구는 곧 지금까지의 권력자층, 특히 원내총무와 갈등을 일으켰습니다. 이 과정에서 이 기구는 지역 이익집단의 지원을 바탕으로 완벽한 승리를 거두어서 이제 원내총무가 이 기구에 순응하고 타협하지 않을 수 없게 되었습니다. 이것의 결과는 모든 권력이 소수의 손에, 그리고 궁극적으로는 당의 정상에 서 있는 단 한 사람의 손에 집중되는 것이었습니다. 왜냐하면 자유당의 경우 이 시스템 전체가 글래드스톤38)의 권력장악 과정과

연계되어 출현했기 때문입니다. 글래드스톤의 〈뛰어난〉 선동술이 가진 매력, 그의 정책의 윤리적 내용과 특히 그의 인격의 윤리성에 대한 대중의 확고한 믿음 등이 바로 이 기구가 명망가들에 대해 그렇게 신속하게 승리할 수 있었던 요인이었습니다.

이런 현상은 정치에 있어 독재적-국민투표적 요소로서, 이제 선거전장에서의 독재자가 등장하게 된 것입니다. 그리고 이것은 곧 현실로 나타났습니다. 1877년에 코커스 제도는 처음으로 전국적 선거에 적용되어 대성공을 거두었는데, 그 결과는 대단한 성공의 절정에 있던 디즈레일리[39]의 실각이었습니다. 그리고 1886년에 오면 이

---

38) William Ewart Gladstone(1809~1898). 1833년 하원의원이 되었으며, 상무장관 · 식민지장관 · 재무장관 등을 역임하는 동안 자유무역을 목적으로 하는 관세개혁을 단행하고, 곡물법 철폐에 찬성하였으며, 상속세(相續稅) 설치와 소득세 감소에 따른 예산안을 제출하는 등 자유주의자로 명성을 떨쳤다. 1868년 총리에 취임하고부터 아일랜드 교회의 국교(國敎)를 폐지하고, 국민교육법을 성립시키는 한편 선거의 무기명투표제를 제정하는 등 잇달아 개혁을 추진하였다. 네 차례에 걸쳐 수상을 역임하였다.

39) Benjamin Disraeli(1804~1881). 글래드스톤과 함께 빅토리아 시대의 번영기를 이끌며, 전형적 2대 정당제에 의한 의회

기구는 이미 완전히 글래드스톤이라는 인물의 카리스마에만 의존하게 되었습니다. 그래서 아일랜드 자치 문제가 제기되었을 때 위에서부터 아래까지 기구 전체가, 과연 우리는 글래드스톤의 입장에 내용적으로 동의하는가라는 질문 따위는 던지지도 않은 채 단지 글래드스톤의 말 한마디에 그와 함께 입장을 바꿔 버렸으며, 그가 하는 모든 것에 우리는 따를 뿐이라고 선언하고는 이 기구의 창설자였던 챔버린을 저버렸습니다.

이러한 기구는 상당한 규모의 인원을 필요로 합니다. 영국에서는 정당정치가 직접적 생계수단인 사람의 수가 대강 2천여 명은 됩니다. 물론 순전히 관직 사냥꾼으로 또는 이해관계자로 정치에, 특히 지방자치 정치에 참여하는 자는 이보다 훨씬 더 많습니다. 유능한 코커스 정치가에게는 비단 경제적 기회뿐 아니라 허영심 충족의 기회도 열려 있습니다. 〈치안판사〉, 더욱이 〈하원의원〉이 되는 것은 (정상적인) 야심을 가진 자들에게는 당연히 가장 큰 목표가 됩니다. 그리고 훌륭한 가정교육을 받은 사람들, 즉 〈젠틀맨〉들은 이것을 달성하기도 합니다. 특히 재정

정치를 실현한 정치가.

상의 대후원자에게는 — 당의 재정은 아마도 50퍼센트 정도를 익명의 기부자들에게 의존하고 있었습니다 — 귀족 작위가 가장 큰 영예로 간주되었습니다.

그러면 이러한 제도 전반이 가져다준 결과는 어떠했습니까? 그것은, 오늘날 영국 국회의원들이, 몇몇 내각 각료들과 그리고 몇몇 주관이 강한 사람들을 제외하면, 대개가 규율이 잘 잡힌 거수기에 불과하다는 것입니다. 독일 제국의회에서는 의원들이 자기 의석의 책상에서 비록 사적 서신이라도 처리함으로써, 마치 자신이 국가의 안녕을 위해 일하는 듯이 과시하려고 하는 경우가 흔히 있었습니다. 적어도 그들은 이런 제스처나마 취했던 것입니다. 그러나 영국에서는 그런 제스처마저 요구되지 않습니다. 여기서 의회 의원들에게 요구되는 것이라고는 단지 투표에 참여하고 당을 배반하지 말라는 것일 뿐입니다. 이들은 원내총무가 소집하면 나타나서 내각 또는 야당 당수가 지시하는 것을 수행해야 할 따름입니다. 더더구나 지방의 코커스 기구는, 만약 강력한 지도자가 있을 경우, 독자적 정견이라고는 거의 가지고 있지 않으며 완전히 리더의 손아귀에 있습니다. 이렇게 하여 사실상 국민투표제적 독재자가 의회 위에 군림하게 되며, 그는 상기한 〈기계〉(머신) 를 이용해 대중의 지지를 확보하며 그에게 의원들이란 단지 자신을 추종하는 봉록자들에 불과한 것이 됩니다.

그러면 이러한 지도자들은 어떻게 선발되는 것일까요? 우선, 어떤 능력을 기준으로 선발되는 것일까요? 세계 어디서나 의지력이 매우 중요한 자질로 간주됩니다만, 그 다음으로는 물론 데마고그적 웅변의 힘이 무엇보다도 결정적 기준입니다. 웅변술의 성격은 오늘날까지 여러 차례 변화해 왔습니다. 즉, 코브덴[40]과 같이 지성에 호소했던 시대로부터 시작하여 외견상 냉철하게 〈사실이 스스로 말하게 하는〉 기법을 구사했던 글래드스톤을 거쳐 오늘날에는 구세군이 사용하는 것과 같은 수단을 활용하면서 순전히 감정에 호소하여 대중을 움직이고자 하는 웅변술이 자주 발견됩니다. 현재의 상황을 우리는 〈대중의 정서를 최대한 활용하는 것에 기초한 독재〉라고 부를 수 있을 것입니다. 그러나 이것을 가능하게 하는 것은 영국 의회의 매우 발달된 위원회 활동체제이며, 이 체제는 지도부에 가담할 의사가 있는 모든 정치가에게 위원회에서 함께 일하도록 강요합니다. 지난 수십 년간의 모든 중요한 각

---

40) Richard Cobden (1804~1865). 자유무역주의를 주창한 영국의 정치가, 웅변가.

료들은 이러한 매우 현실적이고 효과적인 실무훈련을 거쳤습니다. 그리고 위원회의 논의사항에 대해 보고하고 공개적으로 비판하는 관행 덕분에 위원회는 실제로 유능한 지도자들을 선발하고 단순한 선동가는 배제하는 그런 교육기관이 되었습니다.

미국 사례

영국의 상황은 그러했습니다. 그러나 영국의 코커스 제도는 미국의 정당조직과 비교하면 이것의 약화된 형태에 불과한 것 같아 보입니다. 왜냐하면 미국의 정당조직은 국민투표적 원칙을 매우 일찍부터 그리고 매우 순수하게 실현했기 때문입니다. 워싱턴은 미국이 〈젠틀맨〉들이 관리하는 공동체가 되어야 한다고 생각했습니다. 젠틀맨은 미국에서도 그 당시에는 지주이거나 대학교육을 받은 사람이었습니다. 처음에는 그랬습니다.

정당이 조직되기 시작하자 초기에는 하원의원들이 명망가 지배 시기의 영국에서와 같이 지도자 역할을 하고자 했습니다. 정당조직은 매우 느슨했습니다. 이런 상황은

1842년까지 지속되었습니다. 물론 1820년대 이전에도 이미 많은 지방자치단체에서는—미국에서도 이들이 근대적 발전의 시발점이었습니다만—당 기계(머신)가 형성되고 있었습니다. 그러나 서부 농민층의 후보였던 앤드류 잭슨이 대통령으로(1829~1837) 선출되면서 비로소 옛 전통들이 붕괴되기 시작했습니다. 캘후운, 웹스터 등과 같은 유력한 의원들이, 지방의 당 기구에 대해 의회가 거의 모든 통제권을 상실했다는 이유로, 정계에서 은퇴하자, 중진 하원의원들에 의한 당의 운영은 1840년 후 곧 공식적으로 종식되었습니다. 미국에서 국민투표적 〈머신〉이 그렇게 일찍부터 발전하였던 이유는, 미국에서는, 그리고 미국에서만, 행정부의 수반이자—그리고 이 점이 중요했습니다—관직임면권의 최고위 책임자가 국민투표로 선출된 대통령이었고, 그는 〈삼권분립〉의 결과로 직무수행에 있어서 의회로부터 거의 독립되어 있었기 때문입니다. 그래서 특히 대통령 선거에서는 승리의 보상으로 엄청난 관직봉록의 전리품이 기다리고 있었습니다. 잭슨이 지극히 체계적 방식으로 하나의 원칙으로까지 끌어올린 〈엽관제〉는 이러한 상황의 결과였습니다.

모든 연방관직을 승리한 후보의 추종자들에게 배분하

는 시스템인 〈엽관제〉가 오늘날 미국의 정당구조에 대해 가지는 의미는 무엇일까요? 그것은, 전혀 이념적 원칙이 없는 정당들이 서로 대치하게 되었다는 것을 의미합니다. 정당은 순수한 관직 사냥꾼 조직으로서, 선거전이 있을 때마다 득표 가능성에 따라 정강을 바꾸어 버립니다. 유사한 현상은 다른 곳에도 있지만, 여기서 보는 이런 정도의 바꿔치기는 다른 곳에서는 유례를 찾기 힘들 것입니다. 미국의 정당은 전적으로, 관직임면권과 관련하여 가장 중요한 선거전인 연방 대통령 선거나 주지사 선거만을 겨냥하여 짜여 있습니다. 정강과 후보자들은 정당의 〈전당대회〉에서 의원들의 개입 없이 확정됩니다. 즉, 전당대회가 결정하는 셈인데, 이 전당대회는 형식상으로는 매우 민주적으로 대의원 대회 대표들로 구성되며, 이 대표들은 다시금 당의 제 1 차 유권자 대회인 〈예비선거〉에서 선출됩니다. 그러나 이미 예비선거에서 대의원들은 특정 대통령 후보에 대한 지지표명을 바탕으로 선출됩니다. 그렇기 때문에 개개 정당 **내부에서** 〈후보지명〉의 문제를 두고 격렬하기 짝이 없는 투쟁이 벌어집니다. 그도 그럴 것이, 대통령의 손에 30만에서 40만에 이르는 관료지명권이 놓여 있으며, 그는 이 지명권 행사에서 단지 각 주의 상원의원하고만 상의하면 되기 때문입니다. 따라서 상원의원들은 막강한 권력을 가진 정치가들입니다. 그에 반해 하원은 상원과 비교하면 정치적으로 매우 무력합니다. 왜냐하면 하원은 관직임면권이 없으며, 장관 — 그는, 의회를 포함한 모두에 대한 권력행사의 정당성을 국민으로부터 부여받은 대통령의 단순한 보좌역일 뿐입니다 — 은 하원의 신임이나 불신임과는 상관없이 자기 직무를 수행할 수 있기 때문입니다. 이런 상황은 〈삼권분립〉의 결과입니다.

이러한 기반을 가진 엽관제가 미국에서 기술적으로 **가능했던** 이유는, 미국 문화가 아직 젊어서 순수한 아마추어적 국가경영을 감당해 낼 수 있었기 때문입니다. 당에 충실히 봉사했다는 자격 이외에는 어떤 자격도 제시할 필요가 없는 30만에서 40만의 정당인들을 생각해 보십시오. 이런 상황이 엄청난 폐단, 전례 없는 부패와 낭비를 발생시켰을 것임은 당연합니다. 이런 상황은 단지 미국과 같이 아직도 무한정한 경제적 기회를 가진 나라만이 감당할 수 있었던 것입니다.

그런데 국민투표제적 당 기계의 이러한 엽관체제와 함께 무대에 등장하는 인물이 바로 〈보스〉입니다. 보스란 어떤 인물일까요? 그는 정치영역의 자본주의적 기업가로서 자기 부담과 자기 책임하에 유권자의 표를 모읍니다. 그는 아마도 처음에는 변호사, 술집 주인 또는 유사한 업체의 소유주 또는 대금업자로서 유권자들과 접촉했을 것입니다. 여기서부터 그는 이 연줄을 계속 확대하여 일정한 수의 표를 〈통제〉할 수 있게 됩니다. 이것을 달성하고 나면 그는 이제 이웃 보스들과 관계를 형성하고, 열성과 민첩함 그리고 무엇보다도 비밀엄수를 통해 그 자신보다 경력 면에서 더 앞서간 자들의 주목을 받게 되며, 이렇게 하여 그의 출세가 시작됩니다. 보스는 당 조직에서 필수불가결하고, 따라서 당 조직은 점차 그의 수중에 장악되어 갑니다. 그가 당 조직 운영자금의 대부분을 조달합니다. 그는 이 자금을 어떻게 형성할까요? 부분적으로는 당원회비를 통해서 조달하지만, 그러나 무엇보다도 그와 그의 당을 통해 관직을 얻게 된 관료들의 봉급에서 공제하여 조달합니다. 그 외에도 뇌물과 사례금이 있습니다. 예컨대 그 수많은 법들 가운데 어느 하나를 어기고도 처벌을 면하고자 하는 사람이면 누구든 보스의 묵인을 필요로 하며 이에 대한 대가를 지불해야만 합니다. 그렇게 하지 않으면 그는 여러 가지 불편한 일들을 피할 수 없게 됩니다.

그러나 이런 것들만으로는 필요한 운영자본을 다 확보하지는 못합니다. 보스는 재계의 거물들이 내는 기부금의 직접적 수령자로서 불가결합니다. 왜냐하면 재계인사들은 유급 당 관료나 또는 다른 어떤 공식적 회계담당관에게 선거자금을 맡기지는 않을 것이기 때문입니다. 그래서 금전문제에 관해서는 빈틈없이 비밀을 잘 지키는 보스가 선거비용을 대는 자본가들이 신뢰하는 사람이 되는 것은 당연한 일입니다. 전형적 보스는 지극히 냉철한 사람입니다. 그는 사회적 명예를 추구하지 않습니다. 이 〈직업 정치꾼〉(프로페셔널)은 〈상류사회〉에서는 경멸의 대상입니다. 그는 오로지 권력만 추구하는데, 그러나 재원으로서의 권력뿐 아니라 권력 그 자체를 위한 권력을 추구하기도 합니다. 그는 막후에서 활동하는데, 이것이 영국의 리더와의 차이입니다. 그가 공개석상에서 연설하는 경우는 없습니다. 그는 단지 연설자들에게 무엇을 말하는 것이 적절한지 암시해 주기만 하고, 그 자신은 침묵합니다. 그는 연방 상원의원직을 제외하고는 다른 어떤 관직도 맡지 않는 것이 상례입니다. 상원의원은 헌법에 의거하여 관직 임면에 관여하기 때문에 유력한 보스들은 흔히 직접 상원의원직을 보유합니다. 관직분배는 우선적으로 당에 대한 공헌도에 따라 이루어집니다. 그러나 관직을 경매를 통해 낙찰시키는 경우도 자주 있었습니다. 그리고 개개 관직에 대해서는 일정한 요금이 매겨져 있기도 했는데, 이러한 매관매직 체제는 17~18세기에 교회국가를 포함해서 군주국가들이 흔히 사용했던 체제입니다.

보스는 어떤 확고한 정치적 〈원칙〉을 가지고 있지 않습니다. 그는 어떤 원칙도 가지지 않은 채 단지 무엇이 표를 끌어모으는 데 유리한가라는 문제에만 관심이 있습니다. 그의 교육수준은 상당히 낮은 경우도 드물지 않습니다. 그러나 그의 사생활은 보통 흠잡을 데 없이 바릅니다. 다만 정치윤리 면에서 그는 당연히 정치행위에 대한 기존의 통상적 저수준의 윤리를 따르는데, 이것은 우리들 중 많은 사람들이 매점(買占)의 시기에 경제윤리 영역에서 취했던 태도와 다를 바 없습니다. 사람들이 사회적으로 그를 〈프로페셔널〉, 즉 직업 정치꾼이라고 경멸하는 것에 그는 개의치 않습니다. 그 자신 연방의 중요 관직을 얻지도 않고 또 얻으려고 하지도 않는 것이 가진 이점은, 당과는 무관한 인텔리겐치아 또는 저명인사들이 — 만약 보스가 이들이 선거에서 득표력이 있다고 판단할 경우에는 — 후보로 선정되는 일이 드물지 않다는 점입니다. 이것은 항상 같은 당내 원로 명망가들이 거듭하여 후보로 선출되는 독일의 경우와는 다릅니다. 따라서 사회적으로 경멸당하는 권력자들로 이루어진 바로 이러한 무원칙한 정당 구조가, 독일에서 같으면 결코 출세할 수 없었을 그런 유능한 사람들이 미국에서는 대통령이 될 수 있도록 하였습니다. 물론, 보스는 자기의 자금줄 및 권력줄을 위험하게 할 수 있는 그런 국외자들에 대해서는 거부적 태도를 취합니다. 그러나 유권자의 지지를 두고 경쟁을 벌이는 상황에서 보스들은 부패반대자라고 간주되는 바로 그런 후보들을 수용할 수밖에 없는 경우도 간혹 있었습니다.

다시 말하여, 미국에는 위에서부터 아래까지 철저히 조직된 매우 자본주의적 정당조직이 존재합니다. 또한 이 정당조직은 태머니홀같이 수도회식으로 조직된 매우 견고한 클럽들에 의해서도 뒷받침되는데, 이 클럽들은 특히 지방자치 행정기구들 ─ 이것은 미국에서도 가장 중요한 수탈대상입니다만 ─ 의 정치적 지배를 통해 잇속을 챙기는 것을 유일한 목적으로 삼고 있습니다. 이러한 정당생활 구조가 가능했던 것은, 〈신천지〉로서의 미국이 가졌던 고도의 민주주의 때문이었습니다. 그런데 신천지라는 초기 상황에서 벗어나면서 이제 상기한 미국식 정당체제도 서서히 쇠퇴의 길에 들어서고 있습니다. 왜냐하면 이제 미국도 더 이상 아마추어들만을 통해서 통치가 이루어질 수 없게 되었기 때문입니다. 15년 전(1904)만 해도 우리는 미국 노동자들에게, "왜 당신들은 당신들 스스로가 공공연히 경멸하는 그런 정치가들이 당신들을 통치하도록 하느냐"라고 질문하면 이에 대해 그들로부터 아래와 같은 답을 들었습니다. "우리는 당신들 나라에서와 같이 우리에게 침을 뱉는 관료 카스트를 가지기보다는 차라리 우리가 침을 뱉을 수 있는 그런 사람들을 관료로 가지고자 합니다." 이것이 미국 〈민주주의〉의 옛 입장이었습니다. 물론 사회주의자들은 이때도 이미 전혀 달리 생각했습니다만. 아무튼 이런 상황은 이제 더 이상 용납되지 않습니다. 즉, 아마추어 행정으로는 더 이상 충분하지 않으며, 그래서 공무원법 개정을 통해 연금 수령권을 가진 종신직이 지속적으로 확대되고 있습니다. 그 결과 이제 대학교육을 받은, 우리 관료에 못지않게 청렴하고 유능한 관료들이 관직을 차지하게 되었습니다. 이미 10만 개 정도의 관직이 더 이상 선거전의 전리품이 아니라, 자격증명을 요구하고 연금 수령권을 갖춘 직책이 되었습니다. 이런 상황은 엽관제를 점차 쇠퇴시킬 것이고 정당운영 방식 역시 아마도 개혁될 것입니다. 단지 우리가 아직 알지 못하는 것은 어떤 방향으로 개혁될 것인가 하는 점입니다.

독일 사례

독일의 정치체제를 결정짓는 조건들은 지금까지 대체로 아래와 같은 것들이었습니다. 첫째, 의회의 무력을 들 수 있습니다. 이것의 결과는, 지도자적 자질을 가진 어떤 사람도 의회에 계속 몸담고 있지 않는다는 점입니다. 누군가가 국회의원이 되었다고 가정합시다. 그가 국회에서 할 수 있는 것은 무엇이겠습니까? 어느 관청의 사무원 자리가 하나 비면, 그는 그 관청의 책임자에게 다음과 같이 말할 수 있을 것입니다. "내 지역구에 그 자리에 적합한 매우 유능한 사람이 하나 있는데, 그 사람을 채용해 주십시오." 이런 청은 기꺼이 수용되었습니다. 그러나 이것이 독일 국회의원이 자신의 권력본능을 — 만약 그가 권력본능을 가지고 있기라도 했다면 말입니다 — 충족시키기 위해 할 수 있는 전부였습니다. 독일의 정치체제를 결정짓는 두 번째 조건은 — 그리고 이 두 번째 조건은 위의 첫 번째 조건에 영향을 끼쳤습니다 ─ 훈련된 전문 관료층이 독일에서는 엄청나게 중요했다는 점입니다. 우리는 이 점에서는 세계 최고였습니다. 이러한 중요성의 결과로 전문 관료층은 단순히 전문 관료직뿐만 아니라 각료직까지도 요구하게 되었습니다. 예컨대 작년에 바이에른주 의회에서 의원내각제가 논의되었을 때 사람들은, 만약 국회의원이 각료직을 차지하면 재능 있는 사람들이 더 이상 관료가 되지 않을 것이라고 주장했습니다. 거기다 관료행정은, 이를테면 영국의 위원회 심의가 행사했던 것과 같은 그런 유의 통제를 조직적으로 기피했으며, 그 때문에 의회는 ─ 몇 가지 예외를 제외하면 ─ 정말로 유능한 행정수반을 자체 내에서 키워 낼 도리가 없었습니다.

세 번째 조건은, 미국과는 달리 독일에는 이념정당들이 있었다는 점입니다. 이 정당들은 자기 당원들이 어떤 특정한 〈세계관〉을 신봉하고 있다고, 적어도 주관적으로는, 믿었습니다. 그런데 이런 정당들 중 가장 중요한 두 정당 즉 가톨릭 중앙당과 사회민주당은 원래부터 소수당이었으며 그것도 의도적으로 그러했습니다. 가령 제국 중앙당의 유력인사들은, 자신들이 의원내각제를 반대하는 이유는 의회에서 소수파가 되면 관직 사냥꾼들을 지금까지와 같이 정부에 압력을 넣어 취업시키는 것이 더 어려워질 것을 두려워하기 때문이라는 것을 공공연히 말하고 다녔습니다. 사회민주당은 기존의 부르주아적 정치체제로 자신을 오염시키지 않겠다는 원칙적 이유에서 소수당으로 남아 있었으며 또한 의원내각제를 저지했습니다. 이 양당이 의회중심적 체제로부터 등을 돌렸다는 사실이 의회주의 체제의 실현을 불가능하게 만들었던 것입니다.

그런데 이 과정에서 독일의 직업 정치가들의 운명은 어떻게 되었을까요? 이들은 권력도 없었고 책임도 없었으며, 단지 매우 하찮은 명망가 역할을 수행할 수 있었을 뿐이었습니다. 이런 상황의 결과로 이들은 근자에 와서는 어디서나 볼 수 있는 그런 전형적인 파벌본능에 깊이 빠져버렸습니다. 자신들의 하찮은 직책 하나에서 삶의 보람을 찾는 이런 명망가들 속에서 이들과는 다른 성향의 인물이 출세한다는 것은 불가능했습니다. 나는, 비록 지도자적 자질을 가졌음에도 불구하고 바로 이 자질 때문에 명망가들이 용납하지 않았고 그래서 자신의 정치생애를 비극적으로 마친 수많은 사람의 이름을 사회민주당을 포함하여 모든 당에서 댈 수 있습니다. 우리의 모든 정당은 이렇게 명망가 길드로 변해 갔습니다. 예컨대 베벨41) 만 해도 그의 열정과 인격의 순수성으로 보면 지도자형 인물이었습니다. 비록 그의 지적 능력은 매우 제한되어 있었지만 말입니다. 그가 순교자적 인물이었다는 사실, 그리고 그가 대중의 신뢰를 (이들이 보기에는) 한 번도 배반하지 않았다는 사실 등의 결과로 그는 대중들을 확고히 자기편으로 만들었으며 사회민주당 내에서는 그에게 진정으로 대적할 만한 어떠한 세력도 없었습니다. 그러나 그의 사망과 함께 이런 지도자 시기는 끝이 났고, 이제 관료지배가 시작되었습니다. 노동조합 관료, 당 서기, 저널리스트들이 득세했고 관료본능이 당을 지배했습니다. 물론 이들은 지극히 고결한 관료층입니다. 드물 정도로 고결하다고 해야겠지요. 다른 나라들의 사정, 특히 미국의 부패한 노동조합 관료들과 비교하면 말입니다. 그렇긴 하지만, 앞서 이야기한 관료지배의 결과들이 독일 정당에서도 나타났던

---

41) August Bebel(1840~1913). 독일 사회민주당 창설자 중의 하나. 노동운동의 뛰어난 지도자일 뿐 아니라 여러 차례 반복된 옥중생활에서 경제학을 독학하여 훌륭한 이론가가 되기도 하였다. 또 《여성과 사회주의》(*Die Frau und der Sozialismus*, 1883) 의 저자로서 여성운동에 깊은 관심을 나타냈으며, 당시 이미 남녀의 완전한 사회적 동등권을 주장하였다.

것입니다.

부르주아 정당들은 1880년 이래 완전히 명망가들의 길드가 되어 버렸습니다. 물론 간혹 이 정당들도 선전목적으로, 즉 "우리도 이런 인물들을 가지고 있다"고 말할 수 있기 위해, 정당 밖의 인텔리겐치아들을 영입하지 않을 수 없었습니다. 그러나 이들은 영입인사를 선거에 참여시키는 것은 가능한 한 피했으며, 단지 불가피할 경우, 즉 해당 영입인사가 다른 대접을 용납하지 않을 경우에만 그를 선거에 참여시켰습니다.

의회에서도 동일한 정신이 지배했습니다. 독일의 의회 정당들은 길드였고 또 아직도 그러합니다. 제국의회의 본회의에서 행해지는 모든 연설은 당에 의해 철저히 사전검열됩니다. 이 연설들이 유례없이 지루하다는 점이 바로 이것을 증명해 줍니다. 연설자로 지명된 사람만이 발언할 수 있습니다. 이것은 영국의 관행 및 — 전혀 상반된 이유에서지만 — 프랑스의 관행과는 극단적 차이를 보여 주고 있습니다.

그러나 이제 엄청난 붕괴 — 세간에서는 흔히 혁명이라고 부르고 있습니다만 — 의 결과로 아마도 변화가 시작된 것 같습니다. 그러나 '아마도'이지 확실한 것은 아닙니다.

우선 새로운 종류의 정당기구에 대한 단초들이 등장하고 있습니다. 첫째 아마추어 기구들로서, 이것은 특히 여러 대학의 학생들이 흔히 지지하는 형태입니다. 학생들은 자기들이 지도자 자질이 있다고 인정하는 한 사람에게, "우리는 긴요한 과업을 당신에게 맡기고자 합니다. 당신은 이 과업을 실현해 주십시오"라고 말합니다. 두 번째로는 기업가적 기구를 들 수 있습니다. 실제로 있었던 일이지만, 사람들이 지도자 자질이 있어 보이는 인사에게 접근해서 한 표에 대해 고정액을 받고 대신 선거운동을 해 주겠다고 제의하는 것입니다. 여러분들이 나에게 이 두 가지 중 순전히 기술적·정치적 관점에서 어느 것이 더 신뢰할 만하다고 생각하는지 솔직히 묻는다면 나는 아마도 후자를 선호할 것입니다. 그러나 이 두 가지 형태 모두 갑작스레 부풀어 올랐다가 곧 사라져 버리는 거품에 불과했습니다. 실제로는 기존의 기구들이 계속 작동했습니다, 비록 일부 재조정되기는 했지만 말입니다. 위의 현상들은 단지, 만약 지도자만 있으면 새로운 기구들이 아마도 출현하리라는 기대의 표현에 불과했습니다. 그러나 비례대표제의 기술적 특성 때문에라도 그런 지도자의 출현은 불가능했습니다. 단지 몇몇 거리의 독재자들이 등장했다가는 다시 사라

졌을 뿐입니다. 그리고 거리 독재자의 추종자들만이 확고한 규율 속에서 조직되어 있으며, 바로 이런 규율에서 이사라져 가고 있는 소수파들의 힘이 나옵니다.

만약 이런 상황이 변해서 지도자 중심의 당이 출현한다고 가정한다면, 그 결과는 무엇일까요? 앞서 말한 것에 비추어 우리가 분명히 인식해야 할 점은 국민투표적 지도자가 당을 운영한다는 것은 그의 추종자들의 〈영혼의 박탈〉— 아마도 정신적 궁핍화(프롤레타리아트화)라고 말할 수도 있겠지요 — 을 의미한다는 사실입니다. 지도자에게 기구로서 유용하기 위해서는 추종자 집단은 맹목적으로 복종해야만 합니다. 다시 말해서 미국적 의미에서 '기계'라야 하며 명망가적 허영심에 빠져서도 안 되고 주제넘게 독자적 견해를 가져서도 안 됩니다. 링컨의 당선은 단지 당 조직의 이러한 성격 때문에 가능했으며, 글래드스톤의 경우 이미 말했듯이 똑같은 일이 코커스에서 벌어졌습니다. 이것이 바로 지도자 중심의 당 운영이 치러야 할 대가인 것입니다. 그러나 우리는 두 가지 중 하나를 선택할 수밖에 없습니다. 〈기계〉에 기반한 지도자 민주주의 아니면 지도자 없는 민주주의가 그것입니다. 후자는 소명이 없는 〈직업 정치가〉, 지도자의 필수요건인 내적 카리스마적 자질이 없는 직업 정치가들의 지배를 의미합니다. 그리고 이들의 지배는 그때그때의 당내 반대파들이 보통 〈도당〉의 지배라고 부르는 것입니다. 현재 독일에는 단지 후자, 곧 도당의 지배만이 있습니다. 그리고 앞으로도 이 상태는, 적어도 제국 차원에서는, 다음과 같은 몇 가지 조건들로 인해 존속할 것입니다. 첫째, 연방 상원이 아마도 다시 부활되어 필연적으로 제국의회의 권력을 제한하고 이를 통해 제국의회가 지도자 선발기구로서 가진 중요성을 감소시킬 것입니다. 둘째, 현재와 같은 형태의 비례대표제 선거법 역시 독일의 현 상황을 존속시키는 요인으로 작용합니다. 이 제도는 지도자 없는 민주주의에서 볼 수 있는 전형적 현상인데, 이 제도는 비단 명망가들이 의석배정에 대해 벌이는 추악한 거래를 조장할 뿐아니라, 앞으로 이익단체들에게 자기 관리들을 후보자 명단에 넣도록 압력을 가할 수 있는 가능성을 줌으로써 의회를 진정한 지도자는 설 자리가 없는 그런 비정치적 의회로 만들 것입니다. 지도자에 대한 욕구가 가진 유일한 분출구는 아마도 의회에서가 아니라 국민투표로 선출되는 제국 대통령이 될 수 있을 것입니다. 업무수행능력의 검증이라는 차원에서 지도자가 출현하고 또 선발될 수 있는 특별히 효과적인 길은, 규모가 큰 지방자치구에서 국민투표에 의해 선출되고, 자신의 관청을 독자적으로 구성할 수 있는 권한을 가진 도시 독재자가 등장하는 것일 것입니다. 이 현상은 미국의 경우 부패를 진정으로 척결하고자 하는 곳이면 어디서나 나타났습니다. 이것은 이러한 선출 과정을 겨냥한 정당조직을 전제로 하는 것입니다. 그러나 독일의 모든 정당 — 여기에는 특히 사회민주당도 포함됩니다만 — 이 보여 주고 있는 지극히 소시민적인 지도자적대감은 앞으로의 당의 구성방식 및 이와 함께 위에서 언급한 모든 가능성들의 전망을 매우 불투명하게 합니다.

따라서 현재로서는 〈직업〉으로서의 정치활동이 외적으로 어떤 모습을 띠게 될지는 전혀 짐작할 수가 없습니다. 그런 이상 더 더욱 전망이 어려운 것은, 정치적 재능을 가진 자들이 충분한 정치적 과제를 떠맡을 수 있는 기회들이 어떤 방식으로 마련될 수 있을지 하는 것입니다. 자신의 재산상황 때문에 정치에 〈의존해서〉 살 수밖에 없는 사람에게는 두 가지 대안이 있습니다. 언론계나 당 관료 같은 전형적이고 직접적인 길을 택하거나 아니면 이익단체 가운데 하나를 택하는 길입니다. 이익단체로는 노동조합, 상공회의소, 농업회의소, 수공업자회의소, 노동회의소, 사용자연합회 등을 들 수 있으며 그 외에 적절한 지방자치단체 자리도 생각할 수 있습니다. 정치가-직업의 외적 측면에 대해서는 단지 아래와 같은 관점만 추가하고자 합니다. 당 관료와 저널리스트는 〈하락한 계급〉이라는 오명을 지니고 있다는 점입니다. 후자는 〈글쟁이〉이고, 전자는 〈연설꾼〉이라는 말이, 비록 공공연히 이야기되지는 않지만, 유감스럽게도 이들의 귀에는 항상 울릴 것입니다. 이런 평판에 대해 내적으로 무력하고 또한 스스로에게 이에 대한 적절한 답을 줄 수 없는 자는 이 직업을 택하지 않는 것이 좋습니다. 이 두 직업은 어쨌든 매우 강한 유혹들 외에도 끊임없는 좌절을 안겨 줄 수 있는 그런 길입니다.

그러면 직업 정치가의 길이 제공해 줄 수 있는 내적 즐거움에는 어떤 것이 있고, 이 길을 택하는 자가 갖추어야 할 개인적 조건들은 무엇인지 살펴봅시다.

05 　　　　　　　　　 직업 정치가의 자질

열정, 책임감, 균형감각

정치가라는 직업은 우선 권력감을 제공합니다. 사람들에
게 영향력을 행사하고 그들에 대한 지배에 참여하고 있다
는 의식과, 무엇보다도 역사적으로 중대한 과정에서 중추
적 역할의 일부분을 담당하고 있다는 느낌은 심지어 공식
적으로는 변변찮은 직위에 있는 직업 정치가조차도 자신
이 보통 사람들 위에 서 있다고 생각하게 합니다. 그런데
직업 정치가의 문제는, 그가 어떤 자질을 통해 이 권력 —
실제로는 이 권력은 매우 한정된 것일 수 있습니다만 —
과 또 그것이 그에게 부과하는 책임을 감당해 낼 수 있을

것인가 하는 점입니다. 이 문제와 함께 우리는 이제 윤리적 문제의 영역에 들어갑니다. 왜냐하면 어떤 종류의 인물이라야 감히 자기 손으로 역사의 수레바퀴를 움직여도 좋은가라는 문제는 윤리적 문제이기 때문입니다.

정치가에게는 주로 아래 세 가지 자질이 결정적으로 중요하다고 볼 수 있습니다. 열정, 책임감 그리고 균형감각이 그것입니다. 여기서 열정이란 하나의 대의 및 이 대의를 명령하는 주체인 신, 또는 데몬에 대한 열정적 헌신을 의미하며, 그런 이상 이 열정은 **객관적 태도**라는 의미를 지니고 있습니다. 따라서 여기서 열정은 고인이 된 나의 친구 게오르크 짐멜[42]이 〈비창조적 흥분상태〉라고 부르곤 했던 그런 내적 태도를 뜻하는 것은 아닙니다. 특정 유형의 러시아 지식인들에게서 (물론 그들 모두는 아닙니다!) 특징적으로 발견되는 이런 태도는 현재 사람들이 〈혁명〉이라는 자랑스러운 이름으로 장식하고 있는 카니발에서 우리의 지식인들 사이에서도 매우 큰 역할을 하고 있습니다. 이런 태도는 〈지적으로 흥미로운 것에 대한 낭만주의〉로

---

42) Georg Simmel (1858~1918). 막스 베버와 동시대의 사회학자로서 이른바 '형식사회학'을 정립했으며, 베버와 서로 영향을 주고받았다.

서, 이것은 아무런 결과도 낳지 않으며 또 어떠한 객관적 책임의식도 내포하고 있지 않습니다. 왜냐하면 아무리 순수하게 느끼고 있다고 하더라도 단순한 열정만으로는 충분하지 않기 때문입니다. 즉, 열정만으로는 정치가가 될 수 없습니다. 하나의 〈대의〉에 대한 헌신으로서의 열정이 우리를 정치가로 만들 수 있으려면, 그것은 헌신과 동시에 바로 이 대의에 대한 우리의 **책임의식**을 일깨우는 열정이라야 하며, 더 나아가 이런 책임의식이 우리의 행동을 주도하도록 만드는 열정이어야 합니다. 그리고 이를 위해서 필요한 것이 **균형감각**[43] 이며, 이것은 정치가의 매우 중요한 심리적 자질입니다. 균형감각이란 내적 집중과 평정 속에서 현실을 관조할 수 있는 능력, 즉 사물과 사람에 대해 **거리**를 둘 수 있는 능력입니다. 〈거리감의 상실〉은 그것 자체로서 모든 정치가의 가장 큰 죄과 가운데 하나입니다. 그리고 〈거리감의 상실〉은, 만약 이것이 우리 후배 지식인들에게서 육성될 경우, 이들을 필연코 정치적 무능의 길로 오도할 그런 태도 중의 하나입니다. 왜냐하면 거리감의

---

43) ‘Augenmass’의 역어. 사태를 냉정히 개관할 수 있는 능력을 뜻한다. 흔히 ‘안목’이라고도 번역되는데 옮긴이가 보기에 이것은 베버의 의도를 충분히 담아내지 못한다.

상실은 동일한 사람의 정신 속에 뜨거운 열정과 냉철한 균형감각이 공존하지 못하도록 하기 때문입니다. 물론 정치는 머리로 하는 것이지, 다른 신체기관이나 심정으로 하는 것은 아닙니다. 그러나 그럼에도 불구하고 정치에 대한 헌신은, 만약 이것이 하나의 경박한 지적 유희가 아니라 인간적으로 진지한 행위이고자 한다면, 열정에서만 태어나고 또 열정에서만 자양분을 얻을 수 있습니다. 그러나 열정적 정치가의 특징인 강한 정신적 자기 통제력은 ― 이 말의 모든 의미에서의 ― 거리감에 익숙해짐으로써만 가능한 것이며, 이러한 정신적 자기 통제력이 그를 단순히 〈비창조적 흥분〉에만 빠져 있는 정치적 아마추어들로부터 구별하는 자질입니다. 정치적 〈개성〉이 강하다는 것은 무엇보다도 위의 세 가지 자질, 즉 열정, 책임의식 그리고 균형감각이라는 자질을 소유하고 있음을 뜻합니다.

대의에 대한 헌신: 권력정치의 한계

그래서 정치가는 하나의 매우 통속적이면서도 너무나 인간적인 적을 자기 내면에서 날마다 그리고 매 순간마다 이

겨 내야만 합니다. 그것은 매우 일상적 현상인 **허영심**이라는 적으로서, 모든 객관적 헌신과 모든 거리감 — 이 경우에는 자기 자신에 대한 거리감입니다만 — 의 가장 큰 적인 것입니다.

허영심은 매우 널리 퍼진 속성이며 아마 어느 누구도 그로부터 완전히 자유롭지는 못할 것입니다. 그리고 대학과 학자들의 세계에서는 허영심은 일종의 직업병입니다. 그런데 특히 학자의 경우 허영심은, 그것이 아무리 혐오스럽게 표출된다고 하더라도 학문적 조직을 해치지는 않는 것이 보통이기 때문에 비교적 폐해가 적습니다. 그러나 정치가의 경우는 전혀 다릅니다. 그는 불가피한 수단으로서의 **권력**을 목표로 활동하는 사람이기 때문입니다. 따라서 〈권력본능〉 — 흔히 이렇게 표현됩니다만 — 이라는 것은 실제로 정치가의 정상적 자질에 속합니다.

그러나 이러한 권력추구가 〈대의〉에 대한 전적인 헌신을 목표로 하는 것이 아니라, **객관성을 결여한 채** 순전히 개인적 자기도취를 목표로 하는 순간, 그때부터 정치가-직업의 신성한 정신에 대한 배반이 시작됩니다. 왜냐하면 정치영역에서는 궁극적으로는 단 두 가지 종류의 치명적 죄악이 있을 뿐이기 때문입니다. 객관성의 결여와 — 항상 그런 것은 아니지만 흔히 이것과 동일한 것으로서 —
무책임성이 그것입니다. 그런데 허영심, 즉 자기 자신을
가능한 한 눈에 띄게 전면에 내세우고 싶어 하는 욕구가
정치가로 하여금 위의 두 가지 죄악 가운데 하나, 또는 둘
다를 범하도록 유혹하는 가장 강력한 요소입니다. 그리고
〈효과〉를 노릴 수밖에 없는 데마고그는 더더욱 이런 유혹
에 노출되어 있습니다. 그래서 데마고그는 항상 배우가
되어 버릴 위험에 처해 있을 뿐 아니라, 자신의 행동의 결
과에 대한 책임을 가볍게 여기고 단지 자신이 심어 주는
〈인상〉에만 관심을 갖게 될 위험에 처해 있게 됩니다.
객관성의 결여는 그로 하여금 진정한 권력이 아니라 권력
의 화려한 외관만을 추구하게 하고, 그의 무책임성은 그
로 하여금 권력을 그 어떤 내용적 목적도 없이 단지 그 자
체로서 즐기도록 만듭니다. 비록 권력은 불가피한 수단이
고 권력지향은 모든 정치행위의 추동력 가운데 하나이지
만, 아니 오히려 바로 **그렇기 때문에**, 벼락부자처럼 자신
의 권력에 대해 허풍을 떨며 권력도취에 빠져 허영에 찬
자화상에 몰두하는 짓거리 등, 순전히 권력 그 자체를 숭
배하는 모든 행태는 정치력을 왜곡시키는 가장 해로운 행
태입니다. 단순한 〈권력정치가〉 — 지금 독일에서도 이

런 유형의 정치가를 미화하려는 운동이 매우 활발히 전개되고 있습니다만 — 는 막강한 듯이 보이지만, 그의 영향력은 사실은 허망하고 무의미합니다. 이 점에서는 〈권력정치〉[44]를 비판하는 사람들의 입장이 전적으로 옳습니다. 우리는 권력정치 이념을 구현하던 대표적 인물들의 갑작스러운 내적 붕괴과정을 통해 이들의 허풍에 찬 완전히 속 빈 제스처의 이면에 어떠한 내적 나약함과 무력감이 숨겨져 있었는지를 체험할 수 있었습니다. 권력정치론은 인간행위의 의미에 대한 극도로 빈약하고 얄팍한 오만의 산물로서, 이 오만은 모든 행위, 그러나 특히 정치적 행위가 실제로 내포하고 있는 비극성을 전혀 인식하지 못하고 있는 데서 비롯됩니다.

정치적 행위의 최종 결과가 그 원래의 의도와는 전혀 동떨어지거나, 때로는 심지어 정반대되는 경우도 흔히 있는 일, 아니 오히려 일반적 일이며 이것은 모든 역사가 증명해 주는 기본적 사실 — 여기서는 이 점을 더 상세히 논증할 수는 없습니다만 — 가운데 하나입니다. 그러나 그

---

44) Machtpolitik. 정치의 내용을 윤리적 · 이념적인 계기보다도 지배자 또는 국가가 자신의 이익 추구를 위하여 행하는 권력 투쟁으로서 파악하는 입장이나 정책.

렇다고 이 원래의 의도, 즉 하나의 **대의**에 대한 헌신이라
는 원래의 의도가 포기되어서는 안 될 것입니다. 만약 우
리의 행위가 내적 발판을 가지고자 한다면 말입니다. 그
런데 정치가의 권력지향과 권력사용의 목적인 이 대의가
어떤 내용의 것이어야 하는지는 신념의 문제입니다. 그가
헌신하고자 하는 목표는 민족 또는 인류를 지향할 수도 있
으며, 사회적 윤리적 또는 문화적, 현세적 또는 종교적인
것일 수도 있습니다. 그는 〈진보〉 — 이것이 어떤 의미이
든 간에 — 에 대한 강한 믿음에 차 있을 수도 있고 또는
이런 종류의 믿음을 냉철히 거부할 수도 있습니다. 그는
하나의 〈이념〉에 헌신하고 있다고 주장할 수도 있으며 아
니면 이념에 헌신한다는 이런 생각 자체를 원칙적으로 거
부하면서 일상생활의 외적 목표에 헌신하고자 할 수도 있
습니다. 그러나 그 어떤 경우이든 하나의 신념이 **있어야만**
합니다. 그렇지 않을 경우 표면적으로는 아무리 당당한
정치적 성공이라 하더라도 이 성공에는 사실은 피조물 특
유의 공허함이라는 저주가 드리워져 있으며, 이것은 부인
할 수 없는 일입니다.

정치와 윤리

윤리와 독선

방금 말한 것과 함께 우리는 이제 오늘 밤 우리가 다루어
야 할 마지막 주제영역에 들어섰습니다. 〈대의〉로서의
정치가 가진 **에토스**(정신)의 문제가 그것입니다. 정치라
는 것 자체는, 그 목표가 무엇이든 간에, 우리 생활의 도
덕적 전체 구조 내에서 어떤 소명을 완수할 수 있을까요?
다시 말하여, 정치의 윤리적 고향은 어디일까요? 물론 이
문제에 관해서는 궁극적 〈세계관들〉이 서로 충돌하고 있
으며, 우리는 결국 이들 중 하나를 선택할 수밖에 없습니
다. 최근에 — 내가 보기에 매우 잘못된 방식으로 — 다시

거론되는 이 문제에 대해 이제 과감하게 접근해 봅시다.

그러나 우선 이 문제에 대한 하나의 매우 통속적 왜곡부터 바로 잡읍시다. 먼저 지적해야 할 점은, 윤리란 도의적으로 지극히 난처한 역할을 할 수 있는 측면도 있다는 점입니다. 몇 가지 예를 들어 봅시다. 한 남자의 사랑이 한 여자에게서 다른 여자에게로 옮겨 갔을 경우, 이 남자는 거의 틀림없이 이것을 자기 자신에게 정당화하고 싶은 욕구를 느낄 것입니다. 그래서 그녀는 나의 사랑을 받을 가치가 없었다거나, 그녀는 나를 실망시켰다거나 또는 이와 유사한 〈이유들〉을 대면서 그는 이런 정당화를 시도할 것입니다. 이것은 점잖지 않은 태도로서, 여기서 그는 자신이 그녀를 더 이상 사랑하지 않으며 그녀는 이것을 감당해 내야 한다는 단순한 운명적 사실에다가 매우 점잖지 않은 방법으로 하나의 지어낸 〈정당성〉을 덧씌우고 있는 것입니다. 이 정당성을 근거로 그는 자신에게는 그녀를 떠날 권리를 부여하고 그녀에게는 배반당한 불행에다 불의까지 더하여 뒤집어씌우고 있는 것입니다. 애정문제에 관한 경쟁관계에서 이긴 자도 이와 똑같이 행동합니다. 상대방은 자신보다 못난 자인 것이 틀림없다, 그렇지 않다면 그가 졌을 리가 없었을 것이라는 식으로 자기정당화를 합니다. 전쟁에 이긴 승리자가, 내가 이긴 것은 내가 정당하기 때문이라고 체통머리 없이 독선적으로 주장한다면 이것 역시 위의 경우와 조금도 다를 바가 없습니다. 또는, 전쟁의 참혹함 속에서 어떤 사람이 정신적으로 탈진상태에 빠졌을 경우, 그저 소박하게, "나에게는 정말 너무나 힘들었어"라고 말하는 대신, 이러한 자신의 전쟁 피로감을 자기 자신에게 정당화시키고 싶은 마음에서 자신의 지쳤다는 감정은 덮어 둔 채, "내가 전쟁을 견디어 내지 못했던 이유는 내가 도덕적으로 옳지 못한 명분을 위해 싸워야 했기 때문이다"라고 말한다면 이것 역시 위와 같은 경우입니다. 똑같은 현상을 우리는 전쟁에서 패배한 자에게서도 발견합니다. 당당하고 준엄한 자세를 가진 사람이라면, 전쟁이 끝난 후 늙은 아낙네들이 하는 방식대로 전쟁 〈책임자〉를 — 전쟁을 일으킨 것은 사회의 구조인데도 말입니다 — 찾아 나서는 대신에 적에게 다음과 같이 말할 것입니다. "우리가 졌고 당신들이 이겼소. 그 문제는 이제 마무리되었소. 지금부터는, 전쟁의 요인이었던 **객관적** 이해관계를 두고 볼 때 어떤 결론을 내려야 할지 그리고 무엇보다도 특히 승자가 짊어져야 할 **미래**에 대한 책임을 두고 볼 때 어떤 결론을 내려야 할지에 대해서 이야기합시다." 이런 태도 이외의 다른 모든 태도는 품위가 없으며 후에 결국 그 대가를 치르게 됩니다. 한 민족은 자신의 이해관계의 침해는 용서하지만, 자신의 명예의 훼손은 용서하지 않습니다. 특히 협상자의 고지식한 독선적 태도 때문에 이런 명예훼손이 일어났을 경우 더 더욱 용서하지 않습니다. 몇 십 년 후에 공개되는 새로운 문서는 매번 품위 없는 고함소리, 증오와 분노를 불러일으키는데, 그보다는 전쟁은 그 종식과 함께 적어도 **도덕적으로**는 매장된 것으로 생각하는 것이 옳을 것입니다. 그러나 이것을 가능하게 하는 것은 단지 객관적 태도와 기사적 태도, 특히 **자긍심**이지 결단코 어떤 〈윤리〉가 아닙니다. 윤리는 이 경우 사실상 양측 모두에게 자긍심의 상실을 뜻할 뿐입니다. 이런 상황에서 윤리 문제를 제기하는 것은 정치가에게 중요한 문제, 즉 미래와 또 미래에 대한 책임이라는 문제에 관심을 가지게 하는 것이 아니라, 정치적으로 소모적일 뿐인 — 정치적으로는 해결될 수 없는 것이니까요 — 문제인 과거의 죄과에만 몰두하게 합니다. 이런 짓을 하는 것, 그것이, 만약 정치적 죄과라는 것이 있기라도 하다면, 바로 정치적 죄과입니다. 더구나 이 과정에서 문제 전체가 다분히 물질적 이해관계로 인해 불가피하게 왜곡된다는 사실은 흔히 간과됩니다. 즉, 승자는 가능한 한 최대의 이득 — 도덕적 그리고 물질적 이득 — 을 확보하고자 하고, 패자는 전쟁 책임을 인정하는 대가로 이득을 볼 수 있기를 희망하는 것 등이 그런 이해관계입니다. 그리고 무언가 〈비열한〉 것이 있다면, 바로 이런 태도들이 비열한 것입니다. 그리고 이 비열함은 위에서 말한 대로 윤리를 〈독선〉의 수단으로 이용하는 짓의 결과인 것입니다.

절대윤리와 정치

그렇다면 **윤리와 정치** 간의 진정한 관계는 어떠한 것일까요? 흔히 말하듯이 이 둘은 서로 전혀 관계가 없는 것일까요? 또는 반대로, 정치적 행위에도 다른 모든 행위에 대해서와 〈똑같은〉 윤리가 적용되는 것이 옳은 것일까요? 흔히 사람들은 이 두 가지 주장은 서로 완전히 배타적이라고, 둘 중의 하나만이 옳다고 생각합니다. 그런데 과연 애정관계, 사업관계, 가족관계, 공적 관계, 아내, 채소장수 아주머니, 아들, 경쟁자, 친구, 피고인과의 관계 등이 모든 관계에 대해 동일한 내용의 계명을 요구할 수 있는 그런 윤리가 세상에 있을 수 있을까요? 그리고 정치란 하나의 매우 특수한 수단, 다시 말해서, 그 뒤에 폭력성을 내포하고 있는 권력이라는 수단을 가지고 일을 한다는 사실이 정치에 대한 윤리적 요구에서 과연 고려되지 않아도 되는 것일까요? 우리는 볼셰비키파 및 스파르타쿠스파45)의 이념가들이 바로 이러한 (폭력적) 정치적 수단을 사용하고 있기 때문에 그 어떤 군사독재자와도 다를 바 없는 결과를 낳고 있음을 보고 있지 않습니까? 노동자 및 군인 평의회의 지배와 구체제 권력집단의 지배 간에는 인물이 교체되었다는 점과 이들의 아마추어리즘을 제외하면 어떤 차이가 있습니까? 세간에 떠도는 이른바 새로운 윤리를 대변하는 대부분의 인사들이 자신의 반대자들에게 대해 벌이는 논박이 다른 어떤 데마고그들의 논박과 무슨 차이가 있습니까? 이에 대해 사람들은 그들의 고귀한 의도가 그 차이라고 말합니다. 좋습니다. 그러나 여기서 우리가 논하고자 하는 것은 수단입니다. 그리고 공격받고 있는 상대방 역시, 주관적으로는 정말 정직하게, 자신들

_____
45) 제1차 세계대전 중에 독일 사회민주당 극좌파가 탈퇴하여 조직한 혁명단체.

의 궁극적 의도는 고귀하다고 주장하고 있습니다. "칼을 잡는 자는 칼로써 멸망하리라"라는 말이 있지만, 투쟁은 어디서나 투쟁일 뿐입니다.

그러면 **산상수훈**46)의 윤리는 어떤가요? 산상수훈 — 즉, 복음서의 절대윤리 — 은 오늘날 이 계명을 즐거이 인용하는 자들이 믿는 것보다는 훨씬 더 진지한 의미를 가지고 있습니다. 산상수훈은 경박하게 볼 사안이 아닙니다. 우리가 과학에서 인과율에 대해 하는 말, 즉 인과율은 우리가 마음대로 정지시키고 기분에 따라 타고 내릴 수 있는 그런 쌍두마차가 아니라는 말은 산상수훈의 윤리에도 그대로 적용됩니다. 전부 **아니면** 전무, 바로 **이것이**, 만약 이 윤리가 단순히 통속적인 것 이상을 지향하고 있다면, 이 윤리의 의미입니다. 예컨대 한 부유한 청년에 대해 복음서는, "그는 재물이 많으므로 이 말을 듣고 조심하며 가니라"라고 말하고 있습니다. 복음서의 계명은 절대적이고

---

46) 신약성서 《마태오의 복음서》 5~7장에 기록된 예수의 산상설교. 〈성서 중 성서〉로 일컬어지는 이 설교에는 자선행위, 금식, 이웃사랑 등에 대한 예수의 가르침이 담겨 있으며, 참된 종교적 신앙생활의 내면적 본질에 대한 예수의 가르침이 비유적으로 서술되어 있다.

명료합니다. 네가 가지고 있는 것을 다 주어라, **모든 것을, 남김없이.** 아마도 정치가는 이런 요구에 대해 말할 것입니다: 이런 요구는, 만약 그것이 **모두에게 관철되지 않**는다면, 사회적으로 무의미한 요구이다. 따라서 그는 과세, 강제징수, 몰수 등 한마디로 **모두**에 대해 관철될 수 있는 강제와 규율을 주장할 것입니다. 그러나 윤리적 계명은 이러한 것에 대해서는 **전혀 관심이 없으며,** 이런 무관심이 윤리적 계명의 본질이기도 합니다. 다른 예를 들어봅시다: 한쪽 뺨을 맞으면 "다른 쪽 뺨도 내주어라". 그것도 무조건, 즉 상대편이 어째서 너를 때릴 권리를 가지고 있는지 따위는 묻지 말고 뺨을 내주라는 것이 이 계명입니다. 이것은 자긍심 포기의 윤리입니다. 단, 성자인 경우에는 그렇지 않습니다. 바로 이것이 요점입니다. 만약 우리가, 적어도 우리가 소망하는 바를 기준으로 볼 때, **모든 점에서 성자가 되고 따라서 예수, 12사도, 성 프란체스코 또는 그와 유사한 사람들이 살았던 대로 살려고 할 경우에만** 위의 뺨을 내주는 윤리는 의미가 있고 존엄성의 표현이됩니다. **이 경우 이외에는 그렇지 않습니다.** 왜냐하면, 무우주론적 사랑의 윤리는 "악에 대해 폭력으로 대항하지 말라"라고 말하지만, 정치가에게는 거꾸로, "너는 악에 대해 폭력으로 **저항해야만 한다.** 만약 그렇게 하지 않으면, 네가 악의 만연에 **책임이 있다"**라는 계명이 타당하기 때문입니다. 복음서의 윤리에 따라 행동하고자 하는 자는, 파업을 해서는 안 되며 ― 왜냐하면 파업은 강요이기 때문입니다 ― 그는 어용조합에 가는 것이 마땅합니다. 그는 특히 〈혁명〉을 논해서는 안 됩니다. 왜냐하면 복음서의 윤리가, 하필 내란이 유일한 정당한 전쟁이라고 가르치고 있지는 않기 때문입니다. 복음서에 따라 행동하는 평화주의자는, 독일에서 권고된 바 있듯이, 무기를 거부하거나 그것을 내버릴 것이며, 이것은 이 전쟁 그리고 이와 함께 모든 전쟁을 소멸시키기 위한 그의 윤리적 의무라고 생각할 것입니다. 그에 반해 정치가는, 전쟁을 **상당기간** 불신하게 만드는 유일한 확실한 방법은 "현 상태에서의 강화 (講和)이다"라고 말할 것입니다. 이에 대해 관련 국가 국민들은 아마도, 그러면 전쟁은 무엇 때문에 했느냐고 물을 것이며 이렇게 되면 전쟁은 무의미했던 것으로 판정될 것입니다. 그러나 지금 와서 그렇게 말할 수는 없습니다. 왜냐하면 전승국들에게는 ― 적어도 그들 가운데 일부에게는 ― 전쟁은 정치적으로 채산이 맞는 일이었을 것이기 때문입니다. 그리고 이런 상황에는 우리로 하여금 어떤 저항도 못하게 만든 상기한 태도가 책임이 있습니다. 그런데 이제 — 현재의 무기력한 시기가 끝이 나고 나면 — **전쟁이 아니라 평화가 불신의 대상이 될 것이며**, 이것은 절대윤리의 결과입니다.

끝으로, 진리에 대한 의무라는 문제가 있습니다. 이 의무는 절대윤리에 있어서는 무조건적인 것입니다. 그래서 이 윤리의 신봉자들은 모든 문서, 특히 자기 조국에 불리한 문서의 공개 및 이러한 일방적 공개를 기초로 한 전쟁 책임 인정, 즉 일방적이며 그 결과를 고려하지 않는 무조건적인 인정이 바른 길이라고 결론 내렸습니다. 이에 반해 정치가는, 그런 행동을 통해서 결과적으로는 진리가 조장되는 것이 아니라 악용과 정열의 분출을 통해 오히려 진리가 은폐될 것이 확실하다는 입장을 취할 것입니다. 그는 또한, 공정한 인사들에 의한 전면적이고 체계적인 조사만이 성과가 있을 것이며, 그 외의 다른 어떤 방식도 그 방식을 취하는 국가에게 앞으로 몇 십 년간은 돌이킬 수 없을 결과들을 초래할 것이라고 말할 것입니다. 이와는 달리 〈결과〉를 중시하지 않는 윤리, 그것이 곧 절대윤리입니다.

신념윤리와 책임윤리

행위결과의 무시, 바로 이것이 결정적으로 중요한 관점입니다. 이 문제를 좀더 상세히 살펴봅시다. 우선 주목해야할 점은, 윤리적으로 지향된 모든 행위는 아래와 같은 두가지 서로 전혀 다른, 화합할 수 없이 대립적인 원칙 가운데 어느 하나에 따라 수행될 수 있다는 사실입니다. 그 하나는 〈신념윤리적〉 원칙이고 다른 하나는 〈책임윤리적〉원칙입니다. 물론 이 말이, 신념윤리는 무책임과, 책임윤리는 무신념과 동일하다는 것을 뜻하는 것은 결코 아닙니다. 그러나 우리가 신념윤리적 원칙하에서 행동하는가 — 종교적으로 표현하자면, "기독교도는 올바른 행동을 하고 그 결과는 신에게 맡긴다" — 아니면 책임윤리적 원칙하에서 — 우리는 우리 행동의 (예견 가능한) 결과에 대해 책임을 져야 한다는 원칙하에서 — 행동하는가 사이에는 심연과 같이 깊은 차이가 있습니다. 여러분이 확신에 찬 신념윤리적 생디칼리스트[47] 에게 극히 설득력 있게 아래와 같은 설명을 한다고 가정해 봅시다: 즉, 그의 행동의 결과

47) 혁명적 노동조합주의자.

는 반동세력의 기회를 증대시키고, 그의 계급의 억압상황을 악화시키고, 이 계급의 상승을 방해하게 될 것이라고 말입니다. 이런 설명은 그에게 아무런 효과도 불러일으키지 못할 것입니다. 만약 순수한 신념에서 나오는 행위의 결과가 나쁜 것이라면, 신념윤리가가 보기에 이것은 행위자의 책임이 아니라 세상의 책임이며, 타인들의 어리석음의 책임이거나 또는 인간을 어리석도록 창조한 신의 의지의 책임입니다. 그에 반해 책임윤리가는 바로 인간의 이러한 평균적 결함들을 고려합니다. 그는, 피히테가 정확히 지적했듯이, 인간의 선의와 완전성을 전제할 어떠한 권리도 자신에게는 없다는 입장입니다. 그는 그가 예측할 수 있는 한도 내에서의 자신의 행동의 결과를 다른 사람에게 뒤집어씌울 수 없다고 믿습니다. 그래서 그는 말할 것입니다: "이런 결과가 나온 것은 내 행동에 책임이 있다". 그에 반해 신념윤리가는 오로지 순수한 신념의 불꽃, 예컨대 사회적 질서의 불공정성에 대한 저항의 불꽃이 꺼지지 않도록 하는 것에 대해서만 〈책임감〉을 느낍니다. 이 불꽃을 지속적으로 되살리는 것, 이것이 그의 행동들, 성공가능성의 관점에서 볼 때는 전적으로 비합리적인 그의 행동들의 목적이며, 이 행동들은 단지 모범의 제시라는 가치를 가질 수 있을 뿐이며 또 이런 가치만을 가져야 하는 것입니다.

목적은 수단을 정당화하는가?

그런데 문제는 여기서 그치는 것이 아닙니다. 세계의 그 어떤 윤리도 피해 갈 수 없는 사실은, 〈선한〉 목적을 달성하기 위해 우리는 수많은 경우에 도덕적으로 의심스럽거나 위태로운 수단을 사용하지 않을 수 없으며, 부정적 부작용의 가능성 또는 개연성을 감수할 밖에 없다는 사실입니다. 그리고 어떠한 경우에 그리고 어느 선까지, 윤리적으로 선한 목적이 윤리적으로 위태로운 수단과 부작용을 〈정당화〉할 수 있는지는 세계의 그 어떤 윤리도 말해 줄 수 없습니다.

정치에서 가장 중요한 수단은 (폭력적) 강제력[48]입니다. 그리고 윤리적으로 볼 때 수단과 목적 간의 긴장이 끼

---

48) 'Gewaltsamkeit'의 역어. 사전적으로는 '강제'를 의미하지만, 앞서 이미 지적했듯이, 베버의 용법에는 (물리적 폭력을 중심으로 한) 합법적 비합법적 폭력성이라는 함의가 담겨 있다.

치는 영향이 얼마나 막대한지를 여러분은 아래와 같은 사례에서 확인할 수 있습니다. 모두들 알고 있듯이, 혁명적 사회주의자들(짐머발트 계열49)) 은 이미 전쟁 중에 하나의 원칙을 천명했는데 이 원칙을 요점만 요약하자면 다음과 같습니다. "우리가 만약, 앞으로 몇 년 동안 전쟁을 더 계속하면 혁명이 일어날 것이고, 지금 강화를 맺으면 혁명이 일어나지 않을 것이라는 두 가지 대안 중 하나를 선택해야만 한다면, 우리는 〈몇 년 동안 더 전쟁하기〉를 선택할 것이다!" 이에 연이어 "그럼 이 혁명은 무엇을 가져다줄 것인가?"라고 묻는다면, 과학적 훈련을 받은 사회주의자라면 누구나 다음과 같이 대답할 것입니다: "우리가 생각하는 그런 의미에서 사회주의적이라고 부를 수 있을 경제체제로의 이행은 일어나지 않을 것이다. 오히려, 단지 봉건적 요소와 왕조적 잔재들을 털어버렸을 뿐인 부르주아 경제체제가 다시 성립할 것이다." 이런 하찮은 결과를 위해서 〈아직도 몇 년간 더 전쟁을〉 하자는 것입니다! 감히 말하건대, 이 경우에는 매우 확고한 사회주의적 신념을 가진 사람도 그런 〈수단〉을 요구하는 혁명이라는 이름

---

49) Zimmerbalder Richtung. 1915년 9월 스위스의 짐머발트에서 개최된 사회주의자들의 국제 반전(反戰) 대회 참여자들.

의 〈목적〉을 거부할 것입니다. 그러나 볼셰비즘과 스파르타쿠스주의, 아니 모든 종류의 혁명적 사회주의에서는 상황이 바로 그러합니다. 그래서 이 진영이 구체제의 〈폭력정치〉를, 그 수단의 폭력성을 이유로 해서 도덕적으로 비난하는 것은 지극히 가소로운 일입니다. 비록 구체제 폭력정치의 목적들을 거부하는 것은 전적으로 정당하다고 할지라도 말입니다.

바로 이 문제, 즉 목적에 의한 수단의 정당화라는 이 문제에서 모든 신념윤리는 좌절할 수밖에 없는 듯이 보입니다. 논리적으로만 보면 실제로 신념윤리는 도덕적으로 위태로운 수단을 사용하는 **모든** 행동을 **배척하는** 길 밖에는 없습니다. 논리적으로는 그렇다는 말입니다. 그러나 현실의 세계에서는 신념윤리가 갑자기 종말론적 예언자로 변신하는 것을 흔히 경험할 수 있습니다. 예컨대 방금 〈폭력이 아니라 사랑〉이라고 설교하던 자들이 그 다음 순간 폭력행사를 호소합니다. 물론 이들은 이것이 **마지막** 폭력이라고 말합니다. **모든** 폭력성이 제거된 상태를 가져다줄 마지막 폭력이라는 것입니다. 이것은 마치 우리 장교들이 병사들에게 공격작전 때마다, 이 공격이 마지막이고 이것이 승리와 평화를 가져다줄 것이라고 말하는 것과 똑같습니다. 신념윤리가는 세계의 윤리적 비합리성을 견디지 못합니다. 그는 우주적·윤리적 〈합리주의자〉입니다. 여러분들 가운데 도스토예프스키를 아는 사람들은 대심문관이 나오는 장면을 기억할 것입니다만, 거기에 바로 이 문제가 탁월하게 묘사되고 있습니다. 신념윤리와 책임윤리를 조화시키는 것은 불가능하며, 설사 우리가 목적에 의한 수단의 정당화라는 원칙을 어느 정도 인정한다고 하더라도, 어떤 목적이 **어떤** 수단을 정당화하는지를 윤리적으로 결정하는 것은 불가능합니다.

그의 신념이 가진 참다운 순수성 때문에 내가 개인적으로는 매우 높이 평가하지만, 정치가로서는 절대로 거부하는 동료 교수 푀스터[50]는 그의 저서에서 이 어려움을 다음과 같은 단순한 명제를 통해 피해 갈 수 있다고 믿습니다. 선한 것에서는 오로지 선한 것만 나올 수 있고 악한 것에서는 단지 악한 것만 나올 수 있다는 명제가 그것입니다. 만약 그렇다면 물론 지금까지 논의한 모든 문제는 전혀 존재하지도 않겠지요. 그러나 정말 놀라운 것은, 〈우파니샤드〉가 쓰인 지 2,500년이 지난 지금 아직도 그런 명제가 세

---

50) Friedrich Wilhelm Foerster. 독일 철학자. 반전 평화주의자.

상의 빛을 볼 수 있었다는 사실입니다. 세계역사의 전 과정뿐 아니라 일상적 경험만 냉철히 분석해 보아도 오히려 그 정반대가 사실임을 알 수 있는데도 말입니다. 위의 푀스터 교수 명제의 정반대가 사실이라는 점 때문에 지구상의 모든 종교가 발생했는데도 말입니다. 신정론[51] 이 안고 있었던 가장 오래된 문제는 다름 아닌 다음과 같은 질문이었습니다. 어떻게 전지전능하면서 동시에 자비롭다고 믿어지는 신의 힘이 그렇게도 비합리적 세계, 다시 말하여 부당한 고통, 처벌받지 않는 불의, 그리고 개선의 여지가 없는 어리석음으로 가득 찬 비합리적 세계를 창조할 수 있었는가? 따라서 이 신적 힘은 전지전능하지 않거나 아니면 자비롭지 않은 힘일 것입니다. 아니면 우리의 삶을 지배하는 것은 전혀 다른 보상과 보복의 원칙일 수도 있습니다. 이 원칙들은 형이상학적으로 해석이 가능한 것들일 수도 있고, 아니면 우리에게는 영원히 해석 불가능한 것들일 수도 있습니다. 이 문제, 즉 세계의 비합리성의 경험이라는 문제가 모든 종교발전의 원동력이었던 것입니다. 인도의 업보이론, 그리고 페르시아의 이원론, 원죄설, 예정조화

---

51) 신정론(神正論)은 고통, 악, 그리고 죽음과 같은 현상을 신의 존재에 의거하여 정당화하려는 믿음체계이다.

설 그리고 〈숨어 계신 신〉[52] 등 이 모든 것들은 바로 세계의 비합리성에 대한 경험에서 발전한 것입니다. 그리고 초기 기독교들도, 세상은 악령들에 의해 지배되고 있으며, 권력과 폭력적 강제력을 수단으로 하는 정치에 뛰어드는 자는 악마적 세력과 계약을 맺는 것이라는 점을 잘 알고 있었으며, 또한 정치가의 행위에서는, 선한 것에서는 선한 것만이, 악한 것에서는 악한 것만이 나오는 것이 아니라 오히려 그 정반대일 경우가 흔하다는 사실도 매우 잘 인식하고 있었습니다. 이것을 인식하지 못하는 자는, 정치적으로는 정말 어린아이에 불과합니다.

종교적 윤리와 정치

종교적 윤리는 우리의 삶이, 각각 다른 법칙을 따르는 다수의 상이한 질서들로 이루어져 있다는 사실에 대해 여러

---

52) Deus absconditus. 피조물을 초월한 절대 타자라는 점에서, 창조주인 신과 피조물로서의 자연이나 인간 사이에는 건널 수 없는 심연이 가로놓이게 되고, 이런 점에서 신은 피조물로서는 헤아릴 수 없는 '숨겨진 신'(deus absconditus)이 된다.

가지 방식으로 대응했습니다. 희랍의 다신교는 아프로디테에게도, 헤라에게도, 디오니소스에게도 그리고 아폴로에게도 똑같이 제물을 바쳤으며, 이 신들이 자주 서로 다툰다는 것을 알고 있었습니다. 힌두교적 삶의 질서는 다양한 직업 각각을 하나의 특수한 윤리적 법칙, 즉 달마53)의 대상으로 삼았으며, 직업들을 카스트 형식으로 영원히 서로 분리시켰고, 이 직업들을 하나의 고정된 위계적 신분체계로 조직했습니다. 그리고 이런 신분체계 속으로 한 번 태어나고 나면, 다음 생에서 다른 카스트로 다시 태어나는 길 이외에는, 거기서 벗어날 수가 없었습니다. 그러므로 최고의 종교적 구원재에 접근할 수 있는 가능성은 직업에 따라 서로 달랐습니다. 이렇게 하여 힌두교는 고행자와 브라만에서 시작하여 도둑과 창녀에 이르기까지 모든 카스트의 달마를 각 직업의 내재적 법칙에 상응하게 구축할 수 있었습니다. 그리고 이런 직업의 종류에는 전쟁과 정치도 있었습니다. 전쟁을 삶의 질서들의 전체 체계 안으로 편입시키는 과정을 여러분들은 크리슈나와 아르

---

53) dharma. 인도의 고전인 《베다》에서 사용된 법(法)이라는 말로, 리타[天則]와 함께 자연계의 법칙, 인간계의 질서를 나타내는 말.

두나의 대화집인 '바가바드기타'[54] 에서 볼 수 있습니다. 거기에는 "필요한 행동을 하라", 즉 무사-카스트의 달마가 정한 의무에 걸맞은 행동을, 그리고 전쟁목적에 비추어 객관적으로 필요한 행동을 하라고 적혀 있습니다. 힌두교에 의하면 이러한 행동은 종교적 구원을 해치는 것이 아니라 오히려 그것에 도움이 됩니다. 인도의 무사가 영웅적 전사를 할 경우 인드라[55] 의 극락에 갈 것이라는 것은 처음부터 보장된 것이었고 이것은 게르만 무사가 발할라[56] 에 가는 것이 보장되었던 것과 마찬가지였습니다. 그러나 인도 무사는 열반에 들어가는 것은 경멸했는데 이것은 게르만 무사가 천사의 합창이 울려 퍼지는 기독교의 낙원을 경멸했던 것과 마찬가지입니다. 윤리의 이러한 분화로 인해 인도 윤리는 제왕의 예술인 정치를 순전히 정치 고유의 법칙에 따라 다룰 수 있었으며, 더 나아가 이 고유

---

54) Bhagavadgita. 인도의 민족 서사시 〈마하바라타〉(*Mahabharata*) 제6편에 수록된 종교시. 〈마하바라타〉는 기원전 10세기경 북인도에서 일어났다고 상정되는 2대 부족의 항쟁에 대한 설화를 서사시로 읊은 것이다.

55) Indra. 인도 3대 신 중의 하나.

56) Walhall. 북구의 최고신 오딘의 궁전. 오딘은 명예로운 전사자를 천상의 자기 궁전인 발할라에 초대한다고 전해진다.

법칙을 극단적으로 강화시킬 수 있었습니다. 통상적 의미에서의 〈마키아벨리즘〉의 진정으로 극단적 형태는 카우틸리야의 《아르타샤스트라》라는 인도 문헌(예수 탄생 훨씬 전, 아마도 찬드라굽타 시대의 문헌)에 고전적으로 표현되어 있습니다. 이에 비하면 마키아벨리의 《군주론》은 오히려 순진하다고 봐야 할 것입니다.

가톨릭 윤리 — 푀스터 교수의 평소 입장은 이것에 가깝습니다만 — 의 경우, 주지하다시피 〈복음적 권고〉57)는 성스러운 삶의 카리스마를 부여받은 자들을 위한 특수윤리입니다. 이 윤리체계에는, 피를 흘려서도 (즉, 전투를 해서도) 안 되고 영리행위를 해서도 안 되는 수도사층이 있고, 그 다음 경건한 기사층과 시민층이 있는데, 전자는 피를 흘려도 되고 후자는 영리행위를 해도 됩니다. 윤리의 이러한 서열화와, 또 이런 서열화를 구원론적 체계 내에 유기적으로 통합시키는 작업은 인도의 경우와 비교하면 덜 일관되며, 이것은 기독교적 신앙의 전제조건에서 보면 불가피했던 측면도 있고 또 당연한 측면도 있습니다.

---

57) consilia evangelica. 청빈, 정결, 순명 등 이른바 복음 삼덕을 지칭하며, 특별히 선택된 자들(특히 수도사)에게 요구되는 윤리이다.

이 세상은 원죄로 인해 타락해 있다는 교리는 죄악에 대한, 그리고 영혼을 위협하는 이단자들에 대한 징계수단으로서의 폭력을 윤리에 편입시키는 것을 비교적 용이하게 했습니다. 아무튼 산상수훈의 신념윤리적이고 범우주적 요구들 및 그것에 기초한, 절대적 요구로서의 종교적 자연법은 혁명을 일으킬 수 있는 힘을 유지했으며, 실제로 이 힘은 사회적 격변의 시기마다 엄청난 돌파력을 가지고 등장했습니다. 이러한 신념윤리적 요구들은 특히 극단적 평화주의적 종파들을 창출했는데, 그중 하나인 퀘이커교는 펜실베이니아에서 대외적 폭력행사를 배제한 국가의 건설이라는 실험을 했습니다. 그러나 이 실험의 진행과정은, 독립전쟁이 발발했을 때 퀘이커교도들이 이 전쟁이 대변하던 자신들의 이상을 위해 무기를 들고 나설 수 없었다는 점에서는 비극적이었습니다. 이에 반해서 일반적 프로테스탄티즘은 국가를 — 따라서 폭력이라는 수단도 — 신이 세운 조직으로 절대 정당화하며 특히 정당성을 가진 권위주의 국가를 인정합니다. 루터는 개인을 전쟁에 대한 윤리적 책임으로부터 해방시켜 이 책임을 정부 당국에 전가시켰으며, 루터교에서는 신앙문제를 제외한 다른 사안에서 정부 당국에 복종하는 것은 결코 죄가 되지 않았습니다. 칼뱅주의는 신앙수호를 위한 수단으로서의 폭력을 원칙적으로 인정했으며, 따라서 종교전쟁도 인정했습니다. 물론 이슬람의 경우 종교전쟁은 처음부터 중심적 요소였습니다만. 여기서 볼 수 있듯이, 정치와 윤리의 관계라는 문제를 발생시킨 것은 르네상스 시기의 영웅숭배에서 태어난 근대적 무신앙이 결코 **아닙니다.** 모든 종교가 이 문제와 씨름했으며 이 씨름의 결과는 지극히 다양했고 또, 지금까지 서술한 것을 두고 볼 때, 다양할 수밖에 없었습니다. 이렇게 볼 때, 인간이 만든 조직의 손안에 있는 **정당한 폭력**이라는 특수한 수단 그 자체가 정치에 관련된 모든 윤리적 문제의 특수성을 규정짓고 있는 것입니다.

정치의 폭력성과 윤리

그 목적이 무엇이든 간에 폭력이라는 이 특수한 수단과 손을 잡는 자는 — 그리고 모든 정치가들이 그렇게 합니다 — 누구든 이 수단이 가져오는 특수한 결과들에 직면하게 됩니다. 이것은 특히 신념을 위해 투쟁하는 사람들 — 종교적 투사이건 혁명적 투사이건 마찬가지입니다 — 의 경우에 그러했습니다. 과감히 현대를 그 예로 살펴봅시다. 이 지상에서 절대적 정의를 **폭력**에 의거해서 실현하고자 하는 자에게는, 이 목적을 위해 추종자, 즉 인적 〈기구〉가 필요합니다. 그리고 그는 적절한 내적 그리고 외적 보상 — 천상에서의 또는 지상에서의 보상 — 을 이 인적 기구에게 제공해 주어야 합니다. 그렇지 않으면 이 기구는 작동하지 않습니다. 우선 내적 보상을 봅시다. 이것은 근대적 계급투쟁이라는 조건하에서 보면, 증오심과 복수심의 충족, 무엇보다도 원한의 충족 및 사이비 윤리적 독선에 대한 욕구의 충족, 다시 말하여 적의 비하와 이단화에 대한 욕구의 충족 등이 될 것입니다. 그 다음 외적 보상으로는, 모험, 승리, 전리품, 권력과 봉록 등을 들 수 있을 것입니다. 지도자의 성공 여부는 이 기구의 원활한 작동 여부에 전적으로 달려 있습니다. 따라서 그의 성공은 자기 자신의 동기가 아니라 이 **기구**의 동기에 달려 있습니다. 다시 말하여, 이 지도자가 성공하기 위해서는 자신의 추종자들 — 그가 필요로 하는 홍위병, 밀정들, 선동가들 등 — 에게 상기한 보상들이 **지속적으로** 보장될 수 있도록 해야 합니다. 따라서 그가 이러한 조건하에서의 활동을 통해 실제로 무엇을 성취할 수 있을지는 그의 손에 달려 있는 것이 아니라, 그의 추종자들의 행위에 깔린, 윤리적으로 대부분 저열한 동기들에 의해 결정되는 것입니다. 이러한 동기들은, 지도자라는 인물과 그의 대의에 대한 정직한 믿음이 적어도 추종자의 일부분 — 대다수인 경우는 결단코 없다고 보아야 할 것입니다 — 을 사로잡고 있는 동안만 통제될 수 있습니다. 그러나 지도자와 그의 대의에 대한 이러한 믿음은 비록 그것이 주관적으로는 정직한 것이라 할지라도 대부분의 경우 복수심, 권력욕, 전리품과 봉록에 대한 욕구의 윤리적 〈정당화〉에 지나지 않는데, 이것은 비단 이런 믿음에만 해당되는 것이 아닙니다. 이 점을 호도하려는 시도에 넘어가서는 안 됩니다. 왜냐하면 유물론적 역사관 역시 마음대로 타고 내릴 수 있는 쌍두마차가 아니며, 이 역사관이 혁명의 주체들 앞에서는 그 효력을 상실해 버리는 것이 아니기 때문입니다! 상기한 믿음이 가진 그런 단순한 정당화 기능 이외에 무엇보다도 주목해야 할 것은 혁명의 열정이 식은 후에는 전통주의적 **일상**이 찾아오고, 믿음의 대상이었던 영웅과 특히 믿음 그 자체가 사라지거나 아니면 — 이것이 더 효과적이지만 — 이 믿음은 정치적 속물과 정치적 기술자들의 관습적 상투어의 일부가 되어 버린다는 사실입니다. 이러한 과정은 특히 신념을 위한 투쟁에서 매우 빠르게 진행됩니다. 왜냐하면 이 투쟁은 순수한 **지도자들**, 즉 혁명적 예언자들에 의해 영도되거나 촉발되는 것이 보통이며, 모든 지도자 중심의 기구에서 그러하듯이, 신념투쟁에서도 추종자들이 마음을 비우고 객관적 태도를 취하는 것, 즉 〈규율〉을 위해 정신적 프롤레타리아트가 되는 것이 성공의 조건 가운데 하나이기 때문입니다. 따라서 신념투사의 추종자들은 일단 지배층이 되고 나면 매우 쉽사리 하나의 평범한 봉급자층으로 전락하는 것이 보통입니다.

07

결 론

신념윤리와 책임윤리의 상보성

정치를 하겠다는 사람, 특히 정치를 직업으로 삼겠다는 사람이면 누구나 상기한 윤리적 역설들을 자각하고 있어야 하고, 또한 이 역설들의 중압에 눌려서 **그 자신**이 변질된다면 그것은 자신의 책임이라는 사실을 자각하고 있어야 합니다. 다시 한 번 말하지만, 그는 모든 폭력성에 잠복해 있는 악마적 힘들과 관계를 맺게 되는 것입니다. 범우주적 인간 사랑과 자비의 위대한 대가들 — 이들이 나사렛에서 왔든, 아시시에서 왔든 또는 인도의 왕궁에서 왔든58) 상관없이 — 은 폭력이라는 정치적 수단을 가지고 일한 적은

---

58) 예수, 성 프란체스코, 석가모니를 지칭한다.

없습니다. 그들의 왕국은 〈이 세상의 것〉이 아니었습니다만, 그러나 그들은 이 세상에 영향을 끼쳤고 또 아직도 끼치고 있습니다. 플라톤 카라타예브59) 같은 인물, 도스토예프스키의 성자들과 같은 인물이 아직까지도 이런 대가들의 가장 적절한 형상화입니다. 자신의 영혼의 구원 또는 타인의 영혼의 구제를 원하는 자는, 이것을 정치라는 방법으로 달성하고자 해서는 안 됩니다. 정치는 전혀 다른 과업들을 가지고 있는데, 이 과업들은 폭력의 수단을 통해서만 완수될 수 있는 것들입니다. 사랑의 신, 또한 교회를 통해 구현된 기독교의 신은 정치를 수호하는 신이나 데몬과는 내적 긴장관계에 있으며, 이 긴장관계는 해소될 수 없는 갈등으로 언제든 표출될 수 있습니다. 그리고 이것은 교회지배 시대의 사람들도 알고 있었던 사실입니다. 예컨대 성무(聖務) 금지령60) 이 되풀이해 피렌체에 부과되었는데, 이 금지령은 그 당시 사람들과 그들의 영혼구원을 위

---

59) Platon Karatajev. 톨스토이의 《전쟁과 평화》에 나오는 인물.

60) 가톨릭 교회법에 의거한 처벌조치 중의 하나로서, 교회에서 파문하지는 않으나 '성무', 즉 예배와 미사는 금하는 조치이다. 이 금지령은 한 지역 전체(본문의 경우 피렌체)에 대해 내려질 수 있었다.

해서는 칸트적 윤리적 판단의 (피히테의 말을 빌리면) 〈냉정한 동의〉보다는 훨씬 더 큰 힘을 지니고 있었습니다. 그럼에도 불구하고 피렌체 시민들은 교회국가에 저항했습니다. 그리고 이런 상황을 염두에 두고 마키아벨리는 — 내 기억이 틀리지 않는다면 — 그가 쓴 피렌체 역사의 한 아름다운 구절에서 그의 주인공 중 하나의 입을 빌려, 고향 도시의 위대함이 자신의 영혼의 구원보다 더 소중하다고 생각하는 시민들을 칭송하고 있습니다.

만약 여러분이 고향 도시 또는 〈조국〉이라는 말의 자리에 — 조국이라는 것이 오늘날에는 모두가 공유하는 가치는 아닐지도 모르겠습니다만 — 〈사회주의의 미래〉 또는 〈국제적 평화의 미래〉라는 말을 집어넣는다면, 여러분은 위에서 논의한 문제의 현대판을 얻게 됩니다. 왜냐하면 우리는 사회주의의 미래라든가 국제적 평화라든가 이런 모든 것을 정치적 행위를 통해서 추구하는데, 정치적 행위는 폭력적 수단을 가지고 그리고 책임윤리하에서 수행되는 것이며 따라서 위의 목적들의 추구는 〈영혼의 구원〉을 위협하게 되기 때문입니다. 그러나 만약 이런 목적들을 종교적 신앙투쟁에서와 같은 순수한 신념윤리를 가지고 추구한다면, 이것은 이 목적들에 손상을 입힐 뿐 아니라 또한 이 고귀한 목적들을 수세대 동안 불신의 대상으로 만들 수도 있습니다. 왜냐하면 이러한 신념윤리적 행위자에게는 **결과들**에 대한 책임감이 결여되어 있기 때문입니다. 순수한 신념윤리를 따를 경우 행위자는 모든 정치적 행위에 개입되어 있는 상기한 악마적 힘들을 의식하지 못합니다. 이 힘들은 무자비하며, 만약 그가 그들을 인식하지 못한다면, 이 힘들이 비단 그의 관련 행위뿐 아니라 그의 내면 전체에 대해 초래하는 결과에 그는 무력하게 내맡겨져 있을 수밖에 없습니다. 〈악마, 그는 늙었다. 너희들도 나이를 먹어 봐야 그를 이해할 것이다〉라는 말이 있습니다. 그런데 이 문장이 뜻하는 바는 햇수, 즉 연령이 아닙니다. 나도 토론에서 출생증명서의 날짜로 나를 압도하려는 자는 한 번도 용납한 적이 없습니다. 그러나 그렇다고 한 사람은 20살이고 나는 50살이 넘었다는 단순한 사실 때문에 내가, 그런 젊음 자체가 하나의 업적이며 나는 이 업적에 대한 존경심에서 어쩔 줄 모른다고 말할 수도 없는 노릇입니다. 다시 말하여, 나이가 중요한 것은 아닙니다. 중요한 것은 삶의 현실에 대한 훈련되고 가차 없는 시각과, 이 현실을 견디어 내고 이것을 내적으로 감당해 낼 수 있는 능력입니다.

정치는 확실히 머리로 하는 것입니다만, 머리로만 하는 것은 결코 아닙니다. 이 점에서 신념윤리가들의 입장은 전적으로 옳습니다. 그러나 우리가 신념윤리가로 행동하는 것이 옳은지, 아니면 책임윤리가로서 행동하는 것이 **옳은지** 여부, 그리고 언제는 신념윤리가로, 또 언제는 책임윤리가로 행동해야 하는지에 대해서는 어느 누구도 우리에게 지시할 수 없습니다. 다만 다음과 같은 점은 지적할 수 있습니다. 〈비창조적〉 흥분의 시대인 오늘날—여러분들은 비창조적이지 않다고 말하겠지요. 그러나 아무튼 흥분이 항상 진정한 열정인 것은 아닙니다—갑자기 곳곳에서 신념윤리가들이 아래와 같은 구호를 외치며 다수 출현하고 있습니다: "세상이 어리석고 비열하지 내가 그런 건 아니다. 결과에 대한 책임은 나한테 있는 것이 아니라 다른 사람들에게 있으며, 나는 이 사람들을 위해 일하고 있으며 나는 이들의 어리석음과 비열함을 뿌리 뽑을 것이다." 솔직히 말하자면, 이렇게 말하는 자들에게 나는 우선 그들의 신념윤리를 뒷받침하고 있는 **내적인 힘**이 어느 정도인지 묻습니다. 내가 받은 인상은, 이들 열 명 중 아홉은 스스로 주장하는 것을 진정으로 느끼는 것이 아니라 단지 낭만적 감흥에 도취하고 있을 뿐인 허풍선이에 불과하다는 것입니다. 이런 자세는 인간적으로 나의 관심을 끌지 않으며 또 나를 추호도 감동시키지 않습니다. 그에 반해 한 **성숙한** 인간이 — 나이가 많고 적고는 상관없습니다 — 결과에 대한 책임을 진정으로 그리고 온 마음으로 느끼며 책임윤리적으로 행동하다가 어떤 한 지점에 와서, "이것이 나의 신념이오. 나는 이 신념과 달리는 행동할 수는 없소"라고 말한다면, 이것은 비할 바 없이 감동적인 것입니다. 이런 것이 인간적으로 순수한 것이며 감동을 주는 것입니다. 왜냐하면 우리들 중 내적으로 죽어 있지 않는 자라면 **누구나** 언젠가는 이런 상황에 **처할 수도 있기** 때문입니다.

이렇게 볼 때 신념윤리와 책임윤리는 서로 절대적 대립관계가 아니라 보완관계에 있으며 이 두 윤리가 함께 비로소 참다운 인간, 〈정치에 대한 소명〉을 **가질 수 있는** 인간의 본질을 이루는 것입니다.

존경하는 청중 여러분, 10년 후에 이 문제에 대해 우리 다시 한 번 이야기합시다. 나 자신 여러 가지 정황으로 미루어 볼 때, 그때는 이미 반동의 시대가 시작하였을 것이라고 우려하지 않을 수 없습니다. 또한 10년 후 그때, 여러분들 중의 많은 사람이, 그리고 솔직히 나 자신도, 바라고 희망했던 것들 중 과연 무엇이 성취되어 있을까요? 아마 '전혀 아무것도'라고 말할 수는 없겠지만, 적어도 외견상으로는 거의 아무것도 성취되지 못했을 것입니다. 그럴 가능성은 매우 큽니다. 이것이 나를 완전히 좌절시키지는 않을 것이지만, 그러나 이것을 안다는 것은 물론 내적으로 부담스럽습니다. 아무튼 10년 후 그때, 여러분들 가운데 지금 자신을 진정한 〈신념정치가〉라고 느끼며 이 혁명이라는 도취상태에 동참하고 있는 자들은 과연 무엇이 (이 말의 내적 의미에서) 〈되어〉 있을까요? 나는 그것이 궁금합니다. 지금 상황이 셰익스피어의 102번 소네트가 들어맞는, 그런 상황이라면 참으로 좋겠지요.

> 그때 꽃피는 봄에 우리의 사랑은 푸르렀다,
> 그때 나는 그 사랑을 노래 불러 맞으려 했지.
> 꾀꼬리는 여름의 문턱에서 노래 부르나
> 계절이 무르익음에 그 가락을 멈추더라.

그러나 사정은 그렇지 않습니다. 여름의 만개가 아니라, 일단은 등골이 오싹한 어둠과 고난에 찬 극지(極地)의 밤이 우리 앞에 놓여 있습니다. 지금 표면적으로 어느 집단이 승리하든 그것과는 상관없이 말입니다. 왜냐하면, 아무것도 없는 곳에서는, 황제뿐 아니라 프롤레타리아도 자기의 권리를 상실해 버릴 것이기 때문입니다. 이 밤이 서서히 물러가고 난다면, 그때는 지금 겉보기에 그렇게도 풍성히 봄을 구가하고 있는 사람들 중 과연 누가 아직도 살아 있을까요? 그리고 여러분들 모두는 그때 내적으로 어떻게 되어 있을까요? 씁쓸함에 빠져있거나 또는 속물근성에 젖어 있을까요? 세상과 직업을 있는 그대로 단순하고 덤덤하게 감수하고 있을까요? 아니면 ― 그리 드문 일도 아닙니다만 ―, 그럴 재주가 있는 사람들은 신비주의적 현실도피에 빠져들거나 또는 ― 흔히 있는 개탄스러운 현상이지만 ― 단지 유행에 따라 이런 신비주의자 행세를 억지로 하고 있을지도 모르지요. 이런 모든 경우에 대해 나는 아래와 같은 결론을 내릴 것입니다. 위의 상황에 빠진 자들은 자기 자신의 행동을 감당해 낼 수 있는 능력이 **없었으며**, 실제로 있는 그대로의 세상을 감당해 낼 능력도 **없었으며**, 또 이 세상에서의 일상을 감당해 낼 능력도 없었습니다. 이들은 스스로 가지고 있다고 믿었던 정치에 대한 소명을 객관적으로 그리고 실제적으로 그의 가장 깊은 내면에는 가지고 있지 않았습니다. 이런 사람들은 차라리 소박하고 단순하게 사람들 간의 형제애를 도모하고 그저 자신의 일상적 임무에 열심히 몰두했더라면 더 좋았을 것입니다.

정치란 열정과 균형감각 둘 다를 가지고 단단한 널빤지를 강하게 그리고 서서히 뚫는 작업입니다. 만약 지금까지 〈불가능〉에 도전하는 사람들이 계속 나타나지 않았더라면, 인류는 아마 가능한 것마저도 성취하지 못했을 것입니다. 이것은 전적으로 옳은 말이며 모든 역사적 경험에 의해 증명된 사실입니다. 그러나 지도자이면서 또한 ─ 매우 소박한 의미에서 ─ 영웅인 자만이 이렇게 불가능한 것을 시도할 수 있습니다. 그리고 지도자도 영웅도 아닌 사람이라 할지라도, 모든 희망의 좌절조차 견디어 낼 수 있을 정도로 단단한 의지를 갖추어야 합니다. 지금 그래야 합니다. 그렇지 않으면 우리는 오늘 아직 가능한 것마저도 달성해 내지 못할 것입니다. 자신이 제공하려는 것에 비해 세상이 너무나 어리석고 비열하게 보일지라도 이에 좌절하지 않을 자신이 있는 사람, 그리고 그 어떤 상황에 대해서도 〈그럼에도 불구하고!〉라고 말할 능력이 있는 사람, 이런 사람만이 정치에 대한 〈소명〉을 가지고 있습니다.

지은이 **막스 베버 Max Weber**

독일의 사회사상가 막스 베버(1864~1920)는 칼 맑스, 에밀 뒤르켐 등과 함께 현대 사회학을 창시한 사상가 중의 하나로 꼽힌다. 역사, 경제, 정치, 법제도, 종교, 철학, 예술 등 거의 모든 인문-사회과학 적 현상들을 자신의 인식지평 안으로 끌어들이면서 이 현상들의 사회 학적 분석에 필요한 이론들과 개념장치를 구축해, 현대 사회학의 기 반을 마련하는 데 결정적 기여를 했다. 주요 저작으로는 흔히 사회학 적 개념구성의 '건축학'이라고 불리는 《경제와 사회》, 세계 대종교들 을 다루는 《종교사회학 논문집》, 그리고 방법론적 구상을 담은 《과 학론 논문집》 등이 있다.

옮긴이 **전성우**

국내 베버 연구의 1인자인 전성우는 서울대학교 독문과를 졸업했으며 독일 괴팅겐대학에서 《프로테스탄티즘 윤리와 자본주의 정신》으로 막스 베버를 접하고 사회학으로 전향해 박사학위를 받았다. 한양대학 교 정보사회학과 교수로 재직하는 동안 베버를 연구했다. 독일 하이 델베르크대학교 및 에를랑겐대학교, 일본 가쿠슈인대학교에서 초빙 교수로 있었으며 한국이론사회학회의 회장을 지냈다. 쓴 책으로는 《막스 베버 사회학》, 《막스 베버 역사사회학 연구》, *Max Webers Stadtkonzeption*, 《막스 베버 사회학의 쟁점들》(공저), 번역서로는 《탈주술화 과정과 근대》, 《막스 베버 사회과학방법론 I》, 《막스 베 버의 고대 중세 연구》 등이 있다. 주요 논문으로 "막스 베버의 근대사 회론", "막스 베버 지배사회학 연구", "Der Mythos Max Weber" 등이 있다.

막스 베버
Max Weber

직업으로서의 학문 전성우 옮김

근대의 마지막 대가 막스 베버,
학문의 길을 걷는 이들에게 건네는 조언

막스 베버가 1917년 독일 대학생들을 상대로 한 강연으로,
사회과학 역사상 가장 많이 읽혀온 강연문이다. 학자라는 직업에
필요한 조건과 학문의 본질 등 가장 근본적인 문제를 다루며
학자의 '소명'에 대해 말한다. 베버가 자신의 직업을 대하는 태도와
소명의식 또한 엿볼 수 있다.

46판 | 128면 | 8,500원

직업으로서의 정치 전성우 옮김

정치의 소명은 무엇이고 그 배반은 언제 일어나는가?

정치에 대한 필생의 사유를 해박한 지식과 특유의 섬세하고 깊은
통찰력으로 풀어낸 이 강연은 근 1세기의 세월을 뛰어넘어 오늘날
우리의 정치적 성찰을 이끌어 주기에도 전혀 손색이 없다.

46판 | 180면 | 9,500원

경제와 사회 ─ 공동체들 박성환 옮김

《경제와 사회》는 근대 서구 문화의 특성과 기원 그리고 운명을 경제와
사회 사이의 연관이라는 세계사적 전망에서 체계적으로 분석하는
중요한 사회과학 저술로서, 포괄 분야가 워낙 광범해서 사회학적 지식의
백과사전적 창고로 이해되기도 했고 여러 분야의 과학에서 수용되었다.
이 책은 역사비판적 편집작업을 거쳐 새롭게 간행되는 《경제와 사회》의
제1권: 공동체들이다.

신국판 | 680면 | 38,000원

우리 시대의 마지막 '보편천재',
막스 베버가 21세기의 학문, 정치, 종교에
던지는 메시지

막스 베버 종교사회학 선집 전성우 옮김

종교적 초월의 세속적 의미는 무엇인가?

첨단과학의 21세기는 종교의 학문적, 정치적 대부활로 시작하였다.
의미상실의 첨단과학 시대에 종교는 무엇을 뜻하는가? 글로벌 시대에
문명 간 충돌은 왜 발생하는가? 막스 베버의 종교사회학 핵심 논문을
모은 이 책에서 그 해답을 찾을 수 있다.

46판 | 308면 | 9,000원

막스 베버 사회과학방법론 선집 전성우 옮김

'객관적으로 타당한 진리'란 존재하는가?

이 책에 수록된 〈객관성 논문〉, 〈가치중립 논문〉 및
〈사회학 기초개념〉에서 베버가 100여 년 전 설정한 의제는 현대
사회이론 및 사회과학방법론 발전의 중심동력 가운데 하나였으며,
오늘날까지도 방법론 담론의 출발점이자 준거점 역할을 한다.

신국판 | 296면 | 15,000원

막스 베버의 고대 중세 연구 전성우 옮김

도시와 문명의 성장과 몰락의 역사를 파헤친 베버의 역작

막스 베버의 모든 학문 세계에 직간접적으로 걸친 연구방법을
크게 역사사회학, 방법론, 사회이론적 차원으로 나누면, 이 책에 담은
두 편의 글 〈고대 문명 몰락의 사회적 원인들〉과 〈도시〉는 역사사회학적
차원에 속한다. 특히 근대 이전의 서구 및 비서구 문명권의 사회구조와
발전양상에 대한 폭넓은 역사사회학적 분석이다. '도시'와 '도시
시민계층'의 출현에 대한 보편사적, 역사사회학적인 접근이 창출해 내는
통찰이 얼마나 생산적일 수 있는지 보여 주는 생생한 사례이다.

신국판 | 332면 | 18,000원

마르틴 하이데거
Martin Heidegger

회상 신상희·이강희 옮김

횔덜린의 '사유하는 시'로 빚어낸 하이데거의 '시 짓는 사유'!

이 책에서 하이데거는 횔덜린의 송가 〈회상〉을 원시 못지 않은
시적 언어로 '해명'하면서 횔덜린 시의 본질에 대한 깊은 통찰을
펼쳐 보인다. 하이데거는 '회상하는 사유'를 통해 고유한 것,
즉 고향적인 것을 자유롭게 사용하기 위한 숙고의 길을 마련해 간다.

신국판 | 288면 | 14,000원

숲길 신상희 옮김

하이데거에게 사유한다는 것은 의식의 틀에 갇혀 객체로서
세계를 표상하고 욕구하는 방식으로 사물을 인식하는 행위가
아니다. 사물은 의식의 좁은 창을 지나면서 언제나
왜곡된 방식으로 투영될 뿐이다. 하이데거는 의식의 궁핍한
길을 벗어나 존재의 풍요한 숲 속으로 우리를 안내한다.

신국판 | 648면 | 32,000원

언어로의 도상에서 신상희 옮김

독보적인 하이데거 전문가 신상희의 마지막 번역서!

이 책은 20세기 사상계의 거장 하이데거의 언어사상과
철학을 통해 언어의 본질에 이르는 여정을 담고 있다.
'언어는 존재의 집이다' '말이 부서진 곳에서는 어떤 사물도
존재하지 않으리라' 등의 유명한 명제를 통해 언어와
존재 간의 관계를 추적한 이 책을 통해 독자들은 언어와
존재의 비밀의 문을 여는 열쇠를 찾을 수 있을 것이다.

신국판 | 440면 | 28,000원

위르겐 하버마스
Jurgen Habermas

의사소통행위이론 1·2

장춘익 옮김

제1권 행위합리성과 사회합리화
제2권 기능주의적 이성 비판을 위하여

국내 최초
완역 출판

"우리의 일상적 삶의 터전인 생활세계는
권력과 돈에 의해서 '식민지화'되고 있다"

누구도 따라올 수 없는 깊이와 범위로
비판적 사회이론의 토대를 해부한 하버마스의 역작!

'가장 체계적인 철학자'(리처드 로티), '정직한 철학자'(자크 데리다)라
평가받는 위르겐 하버마스의 대표 저작으로, 이 책은 서구의 20세기
사상사를 총괄하며 서구화나 근대화 담론으로 점철된 우리의 현대사,
혹은 정신사를 탐조할 지표가 될 수 있는 수많은 사상적 시금석들을
알알이 품고 있다. 프랑스의 구조주의자 레비스트로스가 '야생의
사고'를 탐험하면서 제기했던 '원시적 사고'와 '근대인의 과학적 사고'의
차이, 서구와 비서구의 경계선 설정에 매우 중요한 개념, 그래서
정치적인 개념이 되어버린 '합리성'(rationality)에 대한 문제, 근대성과
사회근대화의 문제, 포스트모더니즘, 신보수주의 등에 대한 심도 있는
논의를 담았다. 이런 사안들에 대한 하버마스의 생각을 엿보는 것
자체만으로 우리는 풍성한 정신적 수확을 기대할 수 있을 것이다.

신국판 | 각 권 592/672면 | 각 권 35,000원

〈동아일보〉   '사회학계의 아리스토텔레스'라 불리는 종합의 대가 하버마스가
                   사회이론으로 수놓는 천의무봉의 바느질 솜씨

〈조선일보〉   하버마스의 지적 방대함을 체험하는 것만으로도
                   글읽기의 행복감을 느낄 수 있는 역작

미셸 푸코
Michel Foucault

세기말의 프랑스
문명비평가

광기의 역사

이규현 옮김 | 오생근 감수

푸코를 세상에 알린 기념비적 작품으로 '이성적'
시기로 알려진 고전주의 시대, 이성에 의해
비이성·광기가 감금·배제되는 과정을 현란한
문체로 써내려간 푸코의 역작!

신국판 | 950면 내외 | 42,000원

감시와 처벌 — 감옥의 탄생

오생근 옮김

보이는 감옥이건 보이지 않는 감옥이건 지배권력의
가장 중요한 기구이자 장치인 감옥의 탄생은
군대·병원·공장·학교 등의 소단위 권력체제를 통해
지금도 확산되고 있다.

신국판 | 560면 | 25,000원

성의 역사 1·2·3·4

제 1권 지식의 의지 이규현 옮김
제 2권 쾌락의 활용 문경자·신은영 옮김
제 3권 자기 배려 이혜숙·이영목 옮김
제 4권 육체의 고백 오생근 옮김

性은 권력의 표현에 다름아니다!
절제와 극기라는 이 시대의 덕목을 상실해버린
우리에게 자기성찰의 기회를 부여해 주는
미셸 푸코의 도덕 메시지!

신국판 | 1권 14,800원 / 2권 20,000원
3권 20,000원 / 4권 32,000원